Lia Thomssen

Der Tag, an dem ich die Kontrolle verlor

AF235719

Lia Thomssen, geboren 1986, erzählt bereits Geschichten, seit sie sprechen kann. Sie liebt es, sich in ihre eigene Welt zu träumen. Bereits seit ihrer Kindheit wusste sie, dass sie eines Tages ein Buch schreiben würde.

Ihre unendlich vielen Träume führten sie die letzten Jahre durch einige faszinierende Stationen des Lebens. Sie lebte unter anderem bereits 7 Jahre lang den Traum eines eigenen Ladens, um nun bei ihrer eigentlichen Lebensaufgabe anzukommen – dem Schreiben. Sie liebt es Gedanken, Gefühle, Ideen, Erkenntnisse, einfach ihre Welt in Worte zu fassen.

Weitere Informationen zur Autorin finden Sie auf ihrer Webseite unter www.liathomssen.com.

Lia Thomssen

Der Tag,
an dem ich
die Kontrolle verlor

Eine inspirierende Geschichte über die Liebe
und den Mut, seine Träume zu leben

Roman

Copyright © 2022 Lia Thomssen
ISBN Paperback: 978-3-755-75511-1

Lektorat: Sandra Schwarzweller
Umschlaggestaltung: www.canva.com © 2022 Lia Thomssen
Coverfoto: Pixabay

Herstellung und Verlag: BoD – Books on Demand, Norderstedt

Bibliografische Information der Deutschen Nationalbibliothek:
Die Deutsche Nationalbibliothek verzeichnet diese Publikation
in der Deutschen Nationalbibliografie; detaillierte bibliografische
Daten sind im Internet über http://dnb.d-nb.de abrufbar.

Dieses Werk einschließlich aller seiner Teile ist urheberrecht-
lich geschützt. Jede Verwertung außerhalb der engen Grenzen
des Urheberrechtsgesetzes ist ohne Zustimmung des Verfassers
unzulässig und strafbar. Das gilt insbesondere für Vervielfältigun-
gen, Übersetzungen, Mikroverfilmungen und die Einspeicherung
und Verarbeitung in elektronischen Systemen.

Hör nicht auf zu träumen!
Du kannst alles schaffen, wenn du nur wagst,
daran zu glauben.

Prolog

20 Jahre zuvor

Der Tag war grau und trüb. Es fielen bereits die ersten Blätter von den Bäumen und die Luft war deutlich kühler als an den Tagen zuvor. Ich fröstelte leicht, als ich den mir so vertraut gewordenen Weg zu meiner Mutter ging. Die Straßen waren wie leergefegt an diesem Oktobertag. Ich betrachtete die Häuser und fragte mich bei jedem einzelnen, wer wohl darin lebte. Ich liebte die Menschen und deren Geschichten.

So ging ich in Gedanken versunken etwas schneller und zog den Reißverschluss meiner Jacke zu. Ich wollte meiner Mutter endlich diesen Brief bringen, den ich fest in meiner Hand hielt. *Was wird sie wohl davon halten? Werden sich meine Wünsche erfüllen? Wie wird mein Leben aussehen?*

Das große schmiedeeiserne Tor stand offen. Ich musste nur noch hindurchgehen. Nur noch wenige Schritte trennten mich jetzt noch von meinem Ziel. Als ich am Grab meiner Mutter ankam, setzte ich mich davor auf den Boden. Langsam wurde ich ruhiger. Ich begrüßte sie und faltete das Blatt Papier langsam auseinander. Ich atmete tief ein und begann zu lesen:

»Liebes Universum,
ich bin Liam McMurphy. Ich bin 11 Jahre alt, in zwei Tagen werde ich 12. Ich schreibe dir heute, weil ich dir meine Wünsche für mein

Leben mitteilen möchte. Meiner Mama war das sehr wichtig. Man könnte sagen, es war ihr letzter Wunsch an mich. Sie glaubte fest ans Universum, an Engel und auch an Gott. Vor genau einem Jahr ist sie in den Himmel zurück gegangen, aber ich weiß, dass sie trotzdem immer bei mir ist.

Diesen Brief soll ich unter ihren Grabstein legen und ganz fest daran glauben, dass meine Träume wahr werden.

Wenn ich groß bin, möchte ich gerne Musiker werden. Danke, liebes Universum, dass ich Musiker werden kann. Es macht mir großen Spaß zu singen und Gitarre zu spielen.

Und bitte, liebes Universum, hilf meinem Papa. Er versucht es mir nicht zu zeigen, aber er ist so traurig und weint jede Nacht. Ich habe auch viel geweint, aber wenn ich mit Mama rede, geht es mir etwas besser. Es ist schwer für mich zu verstehen, warum sie nicht mehr bei mir sein kann und schon so früh zurück in den Himmel musste. Noch eine Bitte hätte ich, liebes Universum: Wenn ich mal Kinder habe, lass mich lange bei ihnen sein und schick mich erst, wenn ich alt bin in den Himmel zurück. Ich will nicht, dass sie auch so traurig sind, wie ich es jetzt bin.

Danke, liebes Universum.

Dein Liam«

Nun liefen mir die Tränen über die Wangen. Ich brauchte meine Mutter in diesem Moment so sehr, wie gerne hätte ich mich jetzt in ihre Arme gekuschelt und alles wäre wieder gut gewesen.

Doch leider war meine Welt seit genau einem Jahr nicht mehr dieselbe. Ich verlor meine Mutter, meinen Anker, meinen Halt, meine Zuversicht und meine Hoffnung. Ich verlor mein Leben.

An diesem Tag nahm ich alles nur noch im Nebel wahr. Ich rannte nach draußen und begann um mein Leben zu laufen, weil ich dachte, so könnte ich dieser schrecklichen Situation entkommen. Die Gefühle, die ich in diesem Augenblick empfand, waren unbeschreiblich. Es fühlte sich an, als hätte mir jemand mein Herz herausgerissen. In mir war eine große Leere. Ich fühlte mich allein und hilflos. Die Welt stand still. Das konnte nicht wahr sein, das durfte einfach nicht wahr sein. *Ich dachte immer wieder, bitte lieber Gott, lass mich aus diesem bösen Albtraum wieder erwachen.*

Ich wollte ihren Tod lange Zeit nicht akzeptieren. Irgendwann wandelte sich meine Trauer in Wut. *Wieso musste meine Mutter mich verlassen? Wieso wurde sie mir genommen? Warum passiert so etwas in dieser Welt?* Alles woran ich jemals geglaubt hatte, schien verloren.

Ich vermisste meine Mutter jeden Tag. Sie war es gewesen, die mir das Leben erklärt und mich bei allem unterstützt hatte. Dank ihr glaubte ich an Wunder, an Magie, an das Universum. Und vor allem glaubte ich ganz fest an mich selbst. Meine Mutter hatte mich bei jedem meiner Schritte in meinem Glauben bestärkt, dass ich alles schaffen kann, was ich nur möchte.

Nun saß ich hier an ihrem Grab und durchlebte diesen schrecklichen Tag noch einmal. Die Erinnerungen waren immer noch so schmerzlich präsent. Jedoch hatte ich in den vergangenen Monaten gelernt, mit der Situation zu leben, nicht mehr dagegen anzukämpfen, sie hinzunehmen und sie anzunehmen. Ich konnte es nicht ändern, nur akzeptieren. Seit dieser Erkenntnis ging es mir Tag für Tag etwas besser.

Heute jedoch, an ihrem ersten Todestag, erlebte ich den Schmerz wieder sehr intensiv. Und gleichzeitig hatte ich diese besondere Mission. Der innige Wunsch meiner Mutter war es gewesen, dass ich nie damit aufhören sollte, an meine Träume zu glauben. Ich hörte ihre Worte noch immer laut und deutlich: »*Liam, träume so viel und so groß, wie du nur kannst. Lass deine Träume fliegen und dann fängst du sie wieder ein, um einen nach dem anderen wahr werden zu lassen.*«

Doch seit ihrem Tod fiel es mir manchmal schwer, diesem Wunsch zu entsprechen. Stattdessen suchte ich immer wieder nach dem Sinn des Lebens. Ihr Tod hatte mein bisheriges Weltbild komplett erschüttert. Plötzlich wusste ich nicht mehr, was ich glauben sollte. Ich konnte nicht verstehen, weshalb sie schon so früh gehen musste. *Wieso hat sie mich hier allein zurückgelassen?* Das war nicht fair, ich brauchte sie doch!

So saß ich an diesem Herbsttag in Gedanken versunken am Grab meiner Mutter und nahm nichts um mich herum wahr. Der Brief in meiner Hand hatte meine Tränen aufgefangen, die Tinte war an manchen Stellen verlaufen. Doch das störte mich nicht. Nur der Inhalt zählte und ich betete im Stillen, dass all meine Wünsche in Erfüllung gehen würden. Ich stellte es mir vor meinem inneren Auge vor, genau wie meine Mutter es mir beigebracht hatte. Plötzlich war ich glücklich und von Dankbarkeit erfüllt. Ich spürte, dass sie in diesem Moment bei mir war. Langsam faltete ich meinen Brief wieder zusammen. Ich schob ihn direkt unter die Ecke des großen Grabsteins, auf dem ein Engel neben dem Namen meiner Mutter gemalt war. *Emilia McMurphy*, stand in liebevoll geschwungener Schrift darauf. Die mitgebrachten Blumen legte ich daneben. Es waren weiße Lilien, die Lieblingsblumen meiner Mutter. Obwohl sie als typische Trauerblumen galten, hatten sie meine Mutter immer als Blumen des Lichts, der Schönheit und der Reinheit betrachtet. Ich musste lächeln.

1

Dieser Tag lag nun 20 Jahre zurück, aber ich erinnere mich noch daran, als wäre es erst gestern gewesen. Und ich erinnerte mich an sie. Meine Mutter war immer voller positiver Energie und Lebensfreude gewesen. Sie hatte in allem das Gute gesehen und war überzeugt davon, dass sie ihr Leben selbst gestalten konnte. Meine Mutter wusste um das Geheimnis, dass ihr Leben ein Spiegel ihrer inneren Einstellung war, ein Abbild ihrer Sichtweise. Sie hatte ihr Leben auf der Sonnenseite gelebt, war dankbar und glücklich gewesen. Doch auch sie hatte Phasen der Trauer, Wut und Enttäuschung erlebt. Und diese Gefühle gehörten für sie ebenfalls zum Leben dazu. Sie hatte mich oft liebevoll in den Arm genommen und gesagt: *»Liam, lass es zu. Du darfst traurig sein. Du darfst wütend sein. Und du darfst enttäuscht sein. Das gehört auch zu dir und es wird wieder vorbeigehen.«*

Sie hatte gelernt, auch diese Momente anzunehmen und nicht dagegen zu kämpfen. Ich war stolz, eine so wunderbare Mutter gehabt zu haben. Ich hatte oft, mit ihr über die Geheimnisse des Lebens gesprochen. Obwohl ich noch jung war, vertraute sie mir bereits vieles, was sie im Laufe ihres Lebens gelernt hatte, an. Sie wusste wohl, welches Geschenk sie mir damit machte, spürte, dass ich damit umgehen konnte und es für mein Leben nutzen würde, trotz meiner jungen Jahre.

Doch in den Jahren nach ihrem Tod begann ich immer öfter an mir zu zweifeln. *Kann ich tatsächlich alles erreichen?*

Bin ich gut genug? Traue ich es mir überhaupt zu, auf großen Bühnen zu spielen? Und will überhaupt jemand meine Lieder hören?

Mein Rückzugsort, um meine Gedanken zu sortieren war in meiner Kindheit immer unser Garten gewesen, dort konnte ich stundenlang verweilen. Er war ein kleines Paradies für mich gewesen. Mein Elternhaus war nicht besonders groß, aber sehr gemütlich. Meine Mutter hatte die Räume hell und einladend gestaltet. Der Eingangsbereich und die Gartenmauer hinter dem Haus waren gesäumt von wunderschönen Kletterpflanzen, die im Frühling in allen Farben zu leuchten begannen. Auch meine Mutter hatte im Garten so viel Zeit verbracht, wie an keinem anderen Ort im Haus. Sie hatte es geliebt, zu pflanzen, zu gestalten und die unendliche Pracht der Natur zu genießen. Hier schrieb ich auch nach ihrem Tod meine Texte und ließ meiner Fantasie freien Lauf. Ich lebte und liebte die Musik in jeder Faser meines Seins und war mir sicher, dass ich hierfür geboren wurde.

Doch die Zweifel schlichen sich immer wieder in mein Bewusstsein. Mir fehlte damals der Halt, denn meinem Vater war es in den Jahren nach ihrem Tod nicht möglich, eine Stütze für mich zu sein. Ich konnte mich ihm nicht anvertrauen. Im Gegenteil, ich entfernte mich mit jedem Tag, der verging, ein Stück weiter von ihm. Und gleichzeitig entfernte ich mich immer weiter von mir selbst. Jeder von uns kämpfte seinen eigenen Kampf, die Trauer fraß uns auf. Wir lebten über Jahre nur nebeneinanderher.

Meine Musik hatte ihn nie besonders interessiert. Er war ohnehin der Meinung, dass man mit Musik kein Geld verdienen konnte. Ich glaube, in seinen Augen war ich immer nur ein Träumer.

Er beugte sich dem gesellschaftlichen Druck. Und ich war seinen Launen und seinem Pessimismus jeden Tag hilflos ausgeliefert. Meine Seele litt. Seine Wertschätzung war unerreichbar für mich und mir fiel es immer schwerer, dem Druck standzuhalten und bei meiner Wahrheit zu bleiben.

So schlichen sie sich ein, die Zweifel an meiner Wahrheit, an den Werten, die mir bisher wichtig waren und auch an meinen ursprünglichen Zielen. Meine Mutter war es gewesen, die meinen Vater immer wieder auf die positive Seite des Lebens geholt und das Beste in ihm zum Vorschein gebracht hatte. Doch sie war nicht mehr da und er war hilflos verloren.

Die beiden hatten sich damals in der Heimat meines Vaters kennengelernt. Meine Mutter verbrachte einige Monate ihres Studiums in Cork. Sie war fasziniert von den Mythen Irlands mit all den magischen Wesen, von meinem Vater und auch von Cork, mit seinem einzigartigen irischen Charme. Früher kamen wir immer wieder hierher zurück.

Mein Vater war es, der mir letztendlich meinen Weg geebnet hatte. Ich war jung und beeinflussbar, die Situation für mich unausweichlich. Ich beendete die Schule und suchte nach einem geeigneten Studienplatz. Mein neues Ziel war es jetzt, im klassischen Sinn Erfolg zu haben und meinem Vater zu beweisen, dass ich etwas leisten konnte.

Nach meinem Studium, das ich leider viel zu ernst genommen und sehr gut abgeschlossen hatte, begann mein Weg ins »richtige Erwachsenenleben«. Ich schrieb diszipliniert eine Bewerbung nach der anderen und fand schnell eine passende Stelle. Das war der Anfang vom Ende. Ich hatte mich der Gesellschaft gebeugt, die Erwartungen anderer erfüllt und dieses neue Bild von mir selbst, wurde meine Wahrheit. Diese Muster und Glaubenssätze waren nun in meinem Bewusstsein verankert.

2

Mein Leben war nicht übel. Ich hatte einen guten Job, ein schickes Appartement in Berlin Charlottenburg und eine wunderschöne Frau. Ich war zufrieden.

Meine Frau strahlte jeden Tag aufs Neue pure Lebensfreude aus. Jeden Morgen weckte sie mich sanft mit einem Nasenstups und auch heute strömte bereits der Kaffeeduft durch unsere 120 qm große Altbauwohnung. Ich rieb mir verschlafen die Augen und blickte auf die Uhr. Ich erschrak, denn ich war schon viel zu spät dran. Mit einem Satz sprang ich aus dem Bett und hastete ins Badezimmer. Heute musste alles etwas schneller gehen. Waschen, anziehen und dann ab in die Arbeit. Das Frühstück musste leider ausfallen, ich beschloss mir später in der Cafeteria unseres Büros etwas zu kaufen.

Nachdem ich in der Tiefgarage des schicken Mehrparteienhauses in mein Auto gestiegen war, hatte mich der Alltag wieder fest im Griff. Es war nicht weit bis zu meinem Büro. Die Menschen strömten gerade in Scharen hinein, um im gewohnten Strudel aus Stress, Ellbogenmentalität und Leistungsdruck zu versinken.

Meine Karriere war bisher immer nur steil bergauf gegangen. Ich arbeitete viel, oft zu viel, denn in dieser Branche zählte nur die Leistung. Ich war in der Personalberatung tätig. Die Mitarbeiter wurden hier an Zahlen gemessen. Ich hatte mich daran gewöhnt und erbrachte die von mir geforderten Leistungen überdurchschnittlich gut. Das war auch der Grund, weshalb ich bereits mit 32 Jahren auf eine beachtliche Laufbahn zurückblicken konnte. Ich war in meinen ersten drei Jahren als Headhunter bereits viermal befördert worden. Nun bewegte ich mich in der Führungsetage. Ich war im Management angekommen und trug viel Verantwortung für meine Mitarbeiter. Ich wurde angetrieben von dem Wunsch gesehen und wertgeschätzt zu werden, hatte immer das Verlangen, etwas beweisen zu müssen. Und ich hatte das Gefühl, dies nur erreichen zu können, wenn ich Überdurchschnittliches leistete. Ich war mir sicher, nur so die verdiente Anerkennung zu bekommen. Dieses Bedürfnis wurde in der Personalberatung wunderbar erfüllt.

Die Arbeit mit Menschen gefiel mir zu Beginn sehr gut. Ich mochte meinen Job und war somit auch sehr erfolgreich. Ich verfügte über ein gutes Feingefühl. Diese Fähigkeit spielte mir bei meiner Arbeit in die Karten. Ich konnte Menschen gut einschätzen und verstand ihre Motivation. Die Vermittlung guten Personals bereitete mir keine Schwierigkeiten.

Doch das Klima in der Firma war rau. Die Zielzahlen der Personalvermittlung waren hochgesteckt. Jeder musste seine Ziele erreichen oder besser noch übertreffen. Gelang einem das, war man hoch angesehen. Doch hatte man seine Ziele nicht erreicht, schlug die Stimmung schnell um. Jeder wusste um diesen Umstand und kämpfte dagegen an, um nicht in diese Situation zu geraten. Aus diesem Grund zählte für viele irgendwann auch nicht mehr der Mensch, der da vor einem saß und vermittelt werden sollte. Nicht ganz so schöne Jobs wurden schöngeredet, auch wenn man selbst ahnte, dass dieser Wechsel nicht die beste Wahl für den Kandidaten war. Es wurde mit harten Bandagen gekämpft.

In meiner Position hatte ich zudem noch die undankbare Aufgabe, den Druck auf die Mitarbeiter stets konstant hochzuhalten. Das entsprach jedoch überhaupt nicht meinem Naturell. In der Folge begann ich damit, meine Intuition so gut es ging zu ignorieren und entfernte mich so immer weiter von meiner wahren Natur, von meinem wahren Wesen.

Dieser Umstand wurde mir mit der Zeit immer klarer und mir wurde bewusst, dass ich längst entgegen meiner Prinzipien handelte. Seit einiger Zeit litt ich zudem an Schwindelattacken. Mein Körper funktionierte nicht mehr wie gewohnt. Mein Herz raste, meine Brust fühlte sich eng an, ich bekam schlecht Luft. Dieser Zustand machte mir Angst und ich fragte mich, ob ich unter einer ernsten Erkrankung litt oder ob es eher die Auswirkungen meines hohen Stresslevels waren. Um mich selbst zu beruhigen, ignorierte ich meinen Zustand so gut es ging. Der Alltag nahm weiter seinen Lauf und ich fühlte mich gefangen in meinem eigenen Leben.

Meine Frau Marie war mein Sonnenschein in diesem grauen Alltag. Sie war der Mensch, mit dem ich mein restliches Leben verbringen wollte, da war ich mir ganz sicher. Mit ihr wollte ich eine Familie gründen. Ich hatte noch nie zuvor einen so liebevollen, mitfühlenden und ehrlichen Menschen kennengelernt. Und immer wieder ertappte ich mich dabei, wie ich mich fragte, ob ich diesen Menschen in meinem Leben überhaupt verdient hatte. Wenn ich an Marie dachte, musste ich automatisch lächeln.

Unsere Hochzeit war der bislang schönste Tag meines Lebens gewesen. Wir gaben uns das Ja-Wort am Strand von Praslin auf den Seychellen. Marie trug ein wunderschönes weißes Kleid, Blumenschmuck in ihrem langen Haar und einen atemberaubenden Schleier, der sich leicht im Wind bewegte. Sie schwebte auf mich zu wie ein Engel und ihre Erscheinung raubte mir schlicht den Atem. Sie war wunderschön. Ich konnte mein Glück nicht in Worte fassen. Das Meer glitzerte vor uns im Sonnenschein, sanfte Wellen rollten über den puderweißen Sand und umspielten unsere nackten Füße. Wir genossen jede Sekunde der Zeremonie am Strand. Der Pfarrer segnete unsere Ringe und verband uns für immer zu Mann und Frau. Wir verbrachten einen wunderschönen Tag am Strand, der von einem Candle-Light Dinner gekrönt wurde. Diese Hochzeit, an der nur wir beide teilnahmen, war schon lange unser Traum gewesen. Es ging nur um uns und um unsere Liebe.

Das Meer verband uns, seit wir uns kannten. Wir wussten beide nicht genau, weshalb das Meer eine so magische Anziehungskraft auf uns ausstrahlte. Doch diese unendliche Weite faszinierte uns. Am Meer spürten wir die Kraft der Natur und die Gewissheit, dass alles zusammengehörte. Hier wurde uns bewusst, welch kleiner Teil vom großen Ganzen wir Menschen doch waren. Hier fühlten wir uns frei und unbeschwert. Am Meer hatten wir uns lieben gelernt und waren bereits oft wieder ein Stück weit zu uns selbst zurückgekehrt.

In unserer gemeinsamen Zeit sind wir schon oft gereist. Unsere Reisen hatten es uns ermöglicht, in andere Kulturen einzutauchen, Neues zu entdecken und unterschiedliche

Menschen kennenzulernen. Leider holte mich danach immer wieder viel zu schnell der Alltag ein. Marie hingegen ruhte die meiste Zeit des Jahres ganz in sich. Wie sie das hinbekam, war mir ein Rätsel. Marie kennenzulernen, war mein großes Glück. Ich hatte mir immer gewünscht, den einen Menschen fürs Leben zu finden. Marie war mein Anker, sie war es, die mich immer wieder aufweckte. Wir sprachen oft über das Leben. Ihre Augen leuchteten bei diesen Gesprächen und ich konnte ihr Strahlen körperlich spüren, ihre Liebe in jeder Zelle fühlen. Marie sah die Welt auf ihre ganz eigene Art. Auf eine Art, die ich vergessen hatte, die ich im Laufe der Zeit verlernt hatte. Doch mit der Zeit bröckelte meine Fassade und ich begann, mich wieder zu erinnern.

Der Sinn des Lebens, die universellen Gesetze, Selbstverwirklichung, das waren alles Themen, die mich bewegten. Früher hatte ich mich sehr intensiv mit diesen Themen auseinandergesetzt, doch so viele meiner Träume waren auf dem Weg zum Erwachsenwerden verloren gegangen. Ich hatte sie einfach zurückgelassen, hatte mich mit dem Leben abgefunden. Das war in Ordnung, ich konnte mich nicht beschweren, hatte ein gutes Leben. Doch ich spürte seit einiger Zeit immer stärker, dass mir etwas fehlte. Das konnte noch nicht alles sein. Ich handelte viel zu oft gegen meine früheren Überzeugungen, verlor meine Integrität. Ich war kein Träumer mehr, war nicht mehr der Erschaffer meines eigenen Lebens. Stattdessen schwamm ich nur noch mit dem Strom, hatte mich selbst verloren. Die Fragen, die mich immer häufiger beschäftigten lauteten: *»Wer bin ich?«* oder *»Wer will ich sein?«*

Doch ich spürte tief in meinem Inneren, dass ich diese Fragen so gut es mir möglich war aus meinen Gedanken verdrängte. Vielleicht lag es auch an dem Umstand, dass ich schlicht keine Zeit dafür hatte, darüber nachzudenken. Denn wenn mir eines in meinem Leben fehlte, war es Zeit. Zeit für die wirklich wichtigen Dinge, für meine Frau, meine Freunde, meine Hobbys und für mich selbst. Doch eines ließ sich nicht leugnen: Ich begann zu kämpfen. Ich begann, gegen mein eigenes Leben zu kämpfen. Erst in diesem Moment wurde mir das bewusst und ich fragte mich gleichzeitig, ob ich dies nicht schon länger tat. *Vielleicht war das der Grund, weshalb es mir nicht möglich war, in mir zu ruhen?*

So war es auch an diesem Abend, als ich weit nach 20.00 Uhr von der Arbeit nach Hause kam. Auf unserem Esstisch, einem alten Holztisch, den wir auf einem unserer ausgedehnten Flohmarkt-Streifzügen entdeckt hatten, brannten Kerzen. Der Tisch war gedeckt und das Essen sah aus, als würde es bereits eine Weile stehen. Marie trat lächelnd auf mich zu, umarmte mich sanft und gab mir einen Kuss. Ich war so froh zu Hause zu sein und sie zu sehen.

»Lass uns etwas essen, Schatz«, flüsterte sie mir zu. Dann ging sie ohne ein weiteres Wort mit den Tellern zur Mikrowelle und wärmte das Essen für uns auf. Lächelnd stellte sie den unglaublich gut duftenden Teller mit dem leckeren Risotto vor mir auf den Tisch.

»Danke ...« flüsterte ich, »...danke, dass du auf mich gewartet hast.«

Mich beschlich das ungute Gefühl, dass dies nicht das erste Mal war, dass ich sie hatte warten lassen. Sie ließ es mich nie spüren, doch ich merkte ihr dennoch ihre Enttäuschung an.

»Wie war dein Tag, Schatz?«, fragte Marie mich beim Essen. Doch mein Alltag im Büro war fast immer derselbe und ich war müde von diesen Bürothemen. Ich wollte nicht mehr darüber sprechen und antwortete deshalb sehr knapp: »Es war, wie immer. Nichts Besonderes.«

Marie kannte diese Reaktion nicht von mir. Früher hatten wir uns immer angeregt über unseren Alltag ausgetauscht. Doch Marie schwieg, sie nahm es nur wahr. Das erkannte ich an ihrem Blick. Was sie in diesem Moment empfand, wusste ich nicht.

Ich zog mich in den folgenden Wochen immer mehr zurück. Ich wusste selbst nicht, was mit mir los war. Mir fehlte die Lust für jegliche Aktivität. An manchen Tagen schien einfach alles keinen Sinn mehr zu machen. Am liebsten wäre ich den ganzen Tag im Bett geblieben. Meine Motivation im Büro ließ zu wünschen übrig und dieser Schwindel raubte mir den letzten Nerv. Ich fühlte mich immer häufiger, als stünde ich komplett neben mir. So, als wäre ich nicht anwesend, als wäre ich bloß ein Zuschauer meines eigenen Lebens.

Normalerweise waren wir viel unterwegs. In den Restaurants und Cafés der Stadt waren wir gern gesehene Gäste. Wir genossen gemütliche Abende im Kino oder spazierten durch die Stadtparks. An den Wochenenden fuhren wir immer mal wieder ans Meer.

Wir hatten vor ein paar Jahren ein kleines, gemütliches Strandhaus nur wenige Meter vom Meer entfernt, als Rückzugsort für uns entdeckt. Die Besitzerin, eine alte Dame namens Fran, vermietete uns das Haus sehr gerne. Fran hatte weiße lange Haare, trug die buntesten Kleider, die ich je gesehen hatte und verzauberte uns jedes Mal wieder mit ihrem herzlichen Lachen. Wir waren uns auf Anhieb sympathisch. Fran hatte das Herz am rechten Fleck und genau das strahlte auch ihr Haus aus. Dieses Haus war ein Ort, an dem wir uns rundum geborgen fühlten. Es fühlte sich an wie unser Zuhause. Hier fanden wir die Ruhe, die wir suchten. Die Menschen in dem kleinen Ort waren offen und freundlich. Wir fühlten uns willkommen. Die meiste Zeit verbrachten wir am Meer, um einfach die Seele baumeln zu lassen und uns zu unterhalten. Abends verschlug es uns häufig in eines der urigen Fischrestaurants am Strand oder wir ließen den Abend auf unserer Terrasse ausklingen. Ich war froh und dankbar, mit Marie diesen Ort gefunden zu haben. In meinen Träumen malte ich mir oft aus, wie es wohl wäre, mit einer eigenen Familie irgendwann in der Zukunft dort zu leben. In diesen Momenten breitete sich eine innere Ruhe in meinem Körper aus. Diese Momente wiesen mir wieder den richtigen Weg. Eine kleine Familie war schon immer mein großer Wunsch gewesen. Ich wusste, dass auch Marie eine Familie gründen wollte. Sie wollte unbedingt Mutter werden. Wir hatten schon öfter über dieses Thema gesprochen, aber der richtige Zeitpunkt schien noch nicht gekommen. Doch ich fragte mich manchmal, woran wir überhaupt merken würden, wann er gekommen war.

Jetzt hatte ich nicht einmal mehr Lust, ans Meer zu fahren, geschweige denn, am Abend auszugehen. Mir fehlte sogar die Lust zum Sprechen. Ich wusste, dass ich Marie, den wichtigsten Menschen in meinem Leben, enttäuschte, doch es hatte nichts mit ihr zu tun. Das hatte ich ihr jedoch noch nie gesagt. Auch sie wurde ruhiger, schien meinen Rückzug zu akzeptieren. Doch sie sprach mich nicht darauf an. Wir gingen immer weniger unter Menschen, unternahmen kaum mehr etwas gemeinsam. Wir waren beide unglaublich müde.

Marie war Lehrerin an einer Grundschule. Das war schon immer ihr Traumberuf gewesen. Sie liebte Kinder und die Kommunikation mit ihnen. Sie wollte ihnen beim Lernen zur Seite stehen und ihnen helfen, die Welt zu verstehen. Sie war eine wunderbare Lehrerin. Ihr Tag war erfüllt von Kinderlachen. Allerdings war es auch nicht immer leicht, eine kleine Rasselbande in Zaum zu halten. Auch Marie hatte Tage, an denen sie müde war, aber auf eine ganz andere Art und Weise als ich. Sie war immer erfüllt dabei. Doch seit einiger Zeit hatte ich das Gefühl, dass sich etwas verändert hatte. Marie wirkte oft erschöpft, war in sich gekehrt und in Gedanken versunken.

Ich fragte mich immer häufiger, ob sie auch mit etwas kämpfte, traute mich aber nicht, sie darauf anzusprechen. Denn schließlich war es möglich, dass ich der Grund für ihre Traurigkeit war. Und dann wäre die Zeit gekommen, in der ich mich ernsthaft mit mir und meinem Leben befassen müsste. Vielleicht wäre sogar die Zeit dafür gekommen, etwas zu ändern und meine Komfortzone zu verlassen.

Doch ich war noch nicht bereit zu diesem Schritt und beschloss, die Situation weiter zu beobachten und erst einmal so weiterzumachen, wie gewohnt.

3

Heute musste ich besonders früh im Büro sein. Es standen einige Meetings an. Zudem hatte ich wichtige Vermittlungsgespräche zu führen. Das Frühstück musste leider mal wieder ausfallen. Ich drückte Marie einen Kuss auf die Wange und hastete die Treppen nach unten. Der Verkehr in Berlin war um diese Uhrzeit anstrengend. Ich hatte mir schon oft überlegt, dass ein Auto in der Stadt eigentlich unnötig war. Im Laufschritt wäre ich vermutlich schneller im Büro. Trotzdem holte ich jeden Tag wieder das Auto aus der Tiefgarage.

Endlich im Büro angekommen, streckte mir meine Assistentin Florence bereits den ersehnten Becher Kaffee entgegen. Ich nickte ihr dankbar zu und schloss die Tür. Dies gab mir wenigstens ein klein wenig Privatsphäre, denn alle unsere Büros waren aus Glas. So konnten wir unsere Mitarbeiter stets im Blick behalten. Die Türen standen meistens offen, außer bei Besprechungen.

Ich ließ mich in meinen Bürostuhl fallen. Heute war wieder einer dieser Tage, den ich am liebsten bereits hinter mir gehabt hätte. Ich hatte ein Vermittlungsgespräch mit einem Bewerber, bei dem ich mir nicht ganz sicher war, ob es der richtige Job für ihn war. Ich war mir ehrlich gesagt nicht einmal sicher, in welcher Verfassung mein Bewerber war. Bei unseren letzten Telefonaten wirkte er sehr durcheinander auf mich. Ich hatte ihn noch nie persönlich getroffen. Doch die Recherchen, die ich und meine

Assistentin angestellt hatten, hatten ihn als perfekten Kandidaten für diesen Job ermittelt. Es war ein High Performer Job. Diese Jobs übernahm ich gerne selbst, denn sie brachten hohe Provisionen und Prestigewerte.

Eine weitere unangenehme Besprechung würde am Nachmittag folgen. Raul, einer meiner Mitarbeiter bereitete mir derzeit Sorgen. Die Chefetage hatte mich bereits mehrfach auf ihn angesetzt. Denn leider hatte er in den letzten Wochen nicht die gewünschte Leistung erbracht. Raul war ein netter junger Mann. Er war gerade einmal 25 Jahre alt und erst seit wenigen Monaten bei uns tätig. Er wurde sofort nach seinem Uniabschluss von uns rekrutiert und war voller Tatendrang und Energie. Ich mochte ihn und hielt große Stücke auf ihn. Zu Beginn lief alles sehr gut. Raul arbeitete sich schnell in alle wichtigen Bereiche ein. Sein Gespür für Menschen war unglaublich. Er fand für Jobs, die wir als nicht besetzbar abstempelten, die besten Bewerber. Er fand die Nadel im Heuhaufen. Selbst ich wunderte mich, wie ihm das immer wieder gelang. Er schien ein Glücksgriff gewesen zu sein und wurde schnell befördert. Er liebte, was er tat und war stets ehrlich. Doch er mochte es nicht, unter Druck gesetzt zu werden. Leider gehörte dies zu unserer Philosophie. Ich erkannte sein Problem schnell, hielt mich zurück und ließ ihm viel Freiraum. Bei einem Talent wie Raul war es zum Glück auch nicht nötig, ständig Druck auszuüben.

Doch heute musste ich ein Personalentwicklungsgespräch mit Raul führen. Dieses erfolgte nach den Vorgaben der Chefetage in Form eines sogenannten Employee Scoring. Die Kriterien für die Bewertung waren streng festgelegt. Die Punkte zeigten deutlich die Stärken und Schwächen unserer Mitarbeiter. Rauls Kurve verlief leider stark absteigend. Obwohl er oft ein wunderbares Feingefühl für die Kandidaten der schwierig zu besetzenden Jobs hatte, gelang ihm die Vermittlung nicht in der Masse, die vom Unternehmen verlangt wurde. Ich ahnte den Grund dafür bereits. Raul handelte stets nach seinen Prinzipien. Er vermittelte nie Jobs, die er nicht mittragen konnte oder als nicht passend erachtete. Menschlich zog ich meinen Hut vor ihm, doch mit den Werten unserer Firma war dieses Verhalten leider nicht zu vereinbaren. Mich bedrückte dieser Umstand sehr. Mein Job war es, diese Situation mit ihm zu klären. Ich spürte, dass er bereits ahnte, um was es in unserem Gespräch am Nachmittag gehen sollte.

Doch zuerst galt es jetzt, das Bewerbungsgespräch mit meinem High Performer zu führen. Ich lehnte mich in meinem Sessel zurück, ging noch einmal die Unterlagen durch und legte alles sorgfältig bereit. Mein Blick schweifte aus dem Fenster, der Ausblick war gigantisch. Ich überblickte die gesamte Berliner Skyline. Früher hatte ich mich bei diesem Anblick wie der König der Welt gefühlt. Doch nun stresste mich dieser Anblick. Ich spürte eine Leere in mir, sehnte mich nach Ruhe. Dennoch atmete ich noch einmal tief durch und gab Florence das Zeichen, den Bewerber für das Gespräch hereinzubitten.

Sein Name war Paul Becker. Er trat ein und ich hörte mich mit meiner gewohnten Pokerface-Stimme sagen: »Guten Tag, Herr Becker. Schön, dass Sie hier sind. Setzen Sie sich bitte.«

Doch bei seinem Anblick verschlug es mir fast die Sprache. Sein Bewerbungsbild und die Bilder, die unsere

Recherchen hervorgebracht hatten, ähnelten nicht im Geringsten der Person, die vor mir stand. Paul Becker, der auf allen Fotos wirkte, wie ein starker, erfolgreicher Mann, der wusste, was er im Leben erreichen wollte, stand nun wie ein kleines Häufchen Elend vor mir. So etwas hatte ich in meiner gesamten beruflichen Laufbahn noch nie erlebt. Sein Outfit wäre für einen Sportausflug passend gewesen, nicht jedoch für einen Job als Marketingmanager. Selbstverständlich waren mir die trendigen Outfits der neuen Marketing-Generation geläufig, aber auch damit hatte dieser Anblick nichts gemein. Ich beobachtete Paul Becker still von der Seite. Er setzte sich in den Sessel auf der anderen Seite meines Schreibtisches und räusperte sich. Er fühlte sich ebenso unwohl wie ich, das war ihm deutlich anzumerken. Die Stimmung war angespannt.

Ich fuhr mit meinem Gespräch fort: »Herr Becker, erzählen Sie mir bitte etwas über sich. In welcher Position sind Sie gerade?«

Paul Becker sah mich daraufhin lange schweigend an. Ich beobachtete, wie sein Blick an mir vorbei schweifte, durch die große Fensterfront hinaus über die Skyline von Berlin. Ob er diese wahrnahm, konnte ich nicht sagen, denn sein Blick wirkte leer. Langsam sah er wieder in meine Richtung.

Seine Augen trafen meine und er antwortete: »Meine Position lässt sich ganz leicht beschreiben: Ich stecke tief in der Scheiße. Um genau zu sein so tief, dass sogar meine Gummistiefel feststecken und ich nicht weiß, ob ich jemals wieder allein rauskomme.«

Ich konnte nicht glauben, welche Worte da gerade aus Paul Beckers Mund gekommen waren. Das musste ich kurz sacken lassen.

»Gut, Herr Becker, vielen Dank für Ihre Erläuterungen. Vielleicht könnten Sie Ihre berufliche Laufbahn etwas genauer beschreiben?«, versuchte ich es nach einer gefühlten Ewigkeit erneut etwas hilflos.

Sein Blick schweifte abermals aus dem Fenster. Ich wurde immer unruhiger. Mir fiel es schwer, mit dieser seltsamen Situation umzugehen, denn ich war es nicht gewohnt, eine Situation nicht unter Kontrolle zu haben.

Nun ruhte sein Blick wieder schweigend auf mir.

»Wie ist es mit Ihnen, Herr McMurphy. Sind Sie glücklich?«

Da war sie, DIE entscheidende Frage des Lebens. *Bin ich glücklich?* Hatte ich mir diese Frage jemals selbst gestellt?

Jetzt war ich es, der ihn sprachlos ansah. Meine übliche Reaktion auf eine für mich zu persönliche Frage wäre der Angriff gewesen. Vermutlich wäre ich wütend geworden. Doch heute war meine Reaktion eine ganz andere und ich überraschte mich selbst damit. Ich richtete meinen Blick auf Herrn Becker und plötzlich wurde es in meinem Inneren ruhig. Da war keine Unruhe, keine Anspannung mehr. Ich konnte es mir selbst nicht erklären. Dennoch ließ ich es zu, keine Kontrolle mehr zu haben. Ich hatte losgelassen, ließ der Situation und somit dem Gespräch seinen Lauf. Plötzlich fühlte ich mich sogar wohl in diesem Raum, gemeinsam mit ihm. Ich beobachtete diese Wandlung voller Erstaunen und fragte mich, was hier gerade vor sich ging. Ich konnte zum ersten Mal seit Jahren eine innere Ruhe spüren, die es mir ermöglichte, mich selbst zu beobachten. Das tat mir unglaublich gut.

Paul Becker sprengte sämtliche Mauern in mir und ich hörte mich sagen: »Ehrlich gesagt ist die Antwort »Nein«. Ich denke, ich bin nicht glücklich.«

Habe ich ihm diese Antwort gerade tatsächlich gegeben? Mein System fuhr alle Alarmsignale, die mein Körper zur Verfügung hatte, hoch. Ich merkte, wie mir die Hitze in den Kopf stieg, meine Umgebung begann zu schwanken, meine Arme und Beine fühlten sich schwer an, mein Brustkorb schnürte sich zu. Ich hatte das Gefühl, dass nun alles vorbei war, und dann wurde es mir schwarz vor Augen. Da war nichts mehr.

Langsam drang eine Stimme in mein Bewusstsein. »Herr McMurphy, alles ist gut. Öffnen Sie die Augen.«

Ich erinnerte mich. Es war die Stimme von Paul Becker. Langsam öffnete ich die Augen, um sie, geblendet vom hellen Tageslicht, gleich wieder zu schließen. Ich lag auf dem Boden hinter dem Schreibtisch. Mein Kopf dröhnte, meine Lippen waren trocken, mein Körper fühlte sich müde an. Am liebsten wäre ich einfach liegengeblieben. Ich war völlig erschöpft, fühlte mich leer und wusste nicht, was passiert war.

Doch die Stimme von Paul Becker ließ mich nicht weiterschlafen.

»Herr McMurphy, wie geht es Ihnen? Sie sind plötzlich zusammengesackt. Ihre Assistentin hat bereits einen Arzt informiert. Er wird gleich hier sein, um Ihnen zu helfen.«

Das war mein Zeichen. *Hat er gerade Arzt gesagt?* Das durfte doch nicht wahr sein. Sofort war ich hellwach. Alles, aber bitte keinen Arzt. Diesen Göttern in Weiß traute ich keinen Schritt über den Weg. Ich setzte mich ruckartig auf.

»Vielen Dank, aber ich brauche keinen Arzt. Mir geht es wieder gut. Bitte informieren Sie meine Assistentin.«

Doch da hatte ich die Rechnung ohne Paul Becker gemacht. Seine Antwort war alles andere als das, was ich hören wollte.

»Soll das ein Witz sein? Sie brauchen keinen Arzt? Sie könnten gerade einen Herzinfarkt oder Schlaganfall erlitten haben. Der Arzt kommt und checkt Sie durch.«

Na wunderbar, was soll man dazu sagen? Jetzt sitzt mir gegenüber doch tatsächlich jemand, der seinen Mitmenschen Mitgefühl und Verantwortungsbewusstsein entgegenbringt. Ich ahnte bereits, dass Widerstand in diesem Fall zwecklos war. Zudem fehlte mir dafür im Augenblick ohnehin die Kraft. Ich hatte also keine andere Wahl, als mich meinem Schicksal hinzugeben. Und da klopfte es auch schon an der Tür. Ich wisperte mit krächzender Stimme: »Herein.«

Ich ließ die Untersuchung ruhig über mich ergehen. Mir wurde der Blutdruck gemessen, die Brust abgehört und die Augen durchleuchtet. Meine Balance und sogar meine Reflexe wurden getestet. Zumindest körperlich schien alles in bester Ordnung zu sein. Herr Dr. Brandt konnte sich meinen plötzlichen Zusammenbruch selbst nicht erklären. Er wollte jedoch auf Nummer sicher gehen und bestellte mich für den Nachmittag für einen Rundum-Check in seine Praxis ein. Etwas widerwillig ließ ich mich auf den Deal ein. Ich bedankte mich und verabschiedete mich von Herrn Dr. Brandt.

Ich saß wieder auf meinem Bürostuhl und sah Paul Becker an. Unsere Blicke trafen sich und niemand schien einordnen zu können, was hier gerade passiert war. Herr Becker reichte mir ein Glas Saft, damit mein Kreislauf wieder in Schwung kommen konnte. Ich fühlte in mich hinein. Mein Körper war angespannt, ich spürte Angst in jeder Faser und meine Gedanken rasten. *Bin ich krank? Ist das etwas Bedrohliches, vielleicht sogar Lebensbedrohliches?*

Ich erinnerte mich an die letzten Wochen, in denen ich häufiger mit Schwindelattacken zu kämpfen gehabt hatte. Meine Brust verengte sich erneut und ich fühlte mich, als würde ich keine Luft mehr bekommen. Meine Stimmung verdunkelte sich und meine Angst schien sich in Panik zu wandeln.

»Herr McMurphy, geht es Ihnen besser? Sie wirken plötzlich so abwesend.«

Seine Worte rissen mich aus meinen Gedanken.

»Vielen Dank, Herr Becker, für alles. Es geht mir schon viel besser. Allerdings denke ich, dass wir unser Gespräch verschieben sollten. Bitte entschuldigen Sie die Unannehmlichkeiten.«

»Ja, Sie haben Recht, das denke ich auch. Erholen Sie sich in Ruhe, wir bleiben in Kontakt. Gute Besserung, Herr McMurphy.«

Mit diesen Worten verließ er mein Büro. Ich blieb allein zurück und überlegte, ob ich mit diesem Klienten tatsächlich in Kontakt bleiben sollte. Diese Begegnung war für mich äußerst irritierend gewesen. Die innere Ruhe, die ich im Verlauf des Gesprächs gespürt hatte, war verschwunden. Ich versuchte mich zu erinnern, was vor meinem Zusammenbruch passiert war. Ich erschrak, denn die Erinnerung war sofort wieder da. Ich hatte Paul Becker tatsächlich eine ehrliche Antwort gegeben. Ich hatte ihm gesagt, dass ich nicht glücklich war.

Doch ich war in diesem Moment nicht nur ehrlich zu diesem für mich fremden Menschen, ich war auch ehrlich zu mir selbst. *Gibt es da etwa einen Zusammenhang? Kann das der Auslöser für meinen Zusammenbruch gewesen sein?*

Ich verwarf den Gedanken schnell wieder. Das konnte nicht sein. Es musste eine körperliche Ursache dafür gegeben haben.

Ich rief meine Assistentin Florence zu mir, um mit ihr die weitere Planung für den Tag durchzusprechen. Normalerweise wäre für diesen Nachmittag das Mitarbeitergespräch mit Raul geplant - für uns beide ein wichtiger Termin. Allerdings hatte ich nun einen weiteren wichtigen Termin bei meinem Arzt. Rauls Mitarbeitergespräch musste also warten. Florence vereinbarte mit Raul einen neuen Termin. Er reagierte darauf mit viel Verständnis.

Ich arbeitete noch einige E-Mails ab, um mich dann auf dem Weg zum Lunch zu machen. Meistens verbrachte ich meine Mittagspause mit Kollegen in unserer Kantine, denn auch diese Zeit konnte man schließlich für geschäftliche Gespräche nutzen.

In den letzten Wochen hatte ich jedoch immer häufiger das Bedürfnis, das Gebäude zu verlassen. Ich wollte meine Pause draußen in der Natur verbringen. Ich fand in der Nähe unseres Bürokomplexes ein kleines Café. Es gab lediglich zwei kleine Tische vor der Tür und einige wenige Sitzplätze drinnen. Die Bedienung war stets gut gelaunt und begrüßte jeden Gast mit einem Lächeln. Diese Begegnung war oft das Highlight meines Arbeitstages und hob meine Stimmung deutlich. Die mit viel Liebe belegten Baguettes und der Kaffee aus der großen Espressomaschine auf dem Tresen waren ein Traum. Ich fühlte mich an diesem Ort sehr wohl.

Auch heute war die Stimmung in dem kleinen Café wie gewohnt voller Herzlichkeit. Die Bedienung fragte mich freundlich und mit einem Lächeln auf den Lippen nach meinen Wünschen. Sie strahlte pure Lebensfreude aus. Bisher hatten wir uns noch nie unterhalten, doch heute verspürte ich den Drang, ihr ein Kompliment zu machen. Ich bestellte eines der belegten Baguettes und einen Latte Macchiato mit Karamellgeschmack zum Mitnehmen. Meinen eigenen Becher hatte ich immer dabei. Denn seit ich Marie kannte, achtete ich auf ein respektvolleres Verhalten der Umwelt gegenüber. Früher hatte ich mir um den Umstand, täglich einen Pappbecher im Papierkorb zu entsorgen, keine Gedanken gemacht.

Plötzlich hörte ich mich sagen: »Vielen Dank, dieses Café ist ein ganz besonderer Ort und Ihr Lächeln ist wirklich ansteckend.«

Sie sah mich an, ihr Lächeln wurde noch intensiver und ihre Augen leuchteten: »Vielen Dank, das freut mich sehr. Wissen Sie, ich liebe meine Arbeit. Mein Café soll ein Ort sein, an dem sich Menschen wahrhaftig begegnen. Ein Ort voller Ruhe und Liebe.«

Jetzt verstand ich. Es war ihr Café, hier in diesem Ort steckten ihre Liebe, ihre Leidenschaft, ihre Träume. Sie teilte ihre Vision mit den Menschen und gab ihnen damit jeden Tag so viel.

»Genau das spüre ich hier.«

Ich bezahlte mit einem Lächeln und wünschte ihr weiterhin nur das Beste. Schmunzelnd verließ ich das Café. Meine Gedanken wirbelten in meinem Kopf umher. Ich überlegte einen Moment, ob ich mich auf einen der mit Mosaiksteinen verzierten Klappstühle vor dem Café setzen sollte, doch heute wollte ich im Tiergartenpark meine Pause verbringen. Ich liebte diesen Ort. Man ließ den Großstadtdschungel hinter sich und betrat eine völlig neue Welt. Bereits nach wenigen Metern im Park umgab mich eine wohltuende Stille. Es war für mich wie eine Märchenwelt aus Farben, Düften und Sinneseindrücken.

Ich suchte mir eine Bank und setzte mich. Hier konnte ich durchatmen, mein Lunch genießen und meine Gedanken zur Ruhe bringen. Ich beobachtete die Natur um mich herum. Bereits als kleiner Junge vergaß ich draußen alles um mich herum. In der Natur war ich im Hier und Jetzt, bestaunte die Blumen, verfolgte Schmetterlinge und beobachtete stundenlang Käfer. Doch diese Hingabe zur Natur war mir auf dem Weg zum Erwachsenwerden irgendwie verlorengegangen.

Heute jedoch bestaunte ich die meterhohen alten Bäume um mich herum, deren Stämme solch eine Kraft und zugleich eine tiefe Ruhe ausstrahlten. Ich fragte mich, wie alt diese wunderschönen Riesen wohl schon waren und welche Geschichten, sie zu erzählen hätten.

Welche Menschen saßen bereits unter ihnen?
Haben sie sich hier, ihre Liebe gestanden?
Haben sie, ihre Zukunft geplant?
Haben sie hier, über das Leben philosophiert?
Oder sich von ihren Träumen erzählt?
Haben sie, die Sterne bewundert?
Haben sie gelacht oder geweint?

Ich liebte die Geschichten der Menschen, hatte sie geliebt. Doch jetzt stellte ich mir seit langer Zeit zum ersten Mal wieder diese Fragen. Mir wurde in diesem Moment bewusst, dass ich mich von den Menschen und ihren Geschichten entfernt hatte. Ich hatte mich vom Leben entfernt. Und das schlimmste spürte ich plötzlich mit voller Wucht: Ich hatte mich von mir selbst entfernt. Ich wusste nicht mehr, wer ich war. Ja, so war es. *Wer bin ich? Wer will ich im Leben sein? Was ist meine Mission? Was ist meine Vision?* Mein Magen krampfte sich schmerzhaft zusammen.

Dieser Zusammenbruch heute in meinem Büro und auch das kurze Gespräch mit der jungen Frau im Café hatte tiefe Spuren in meinem Bewusstsein hinterlassen. Ich war völlig durcheinander und aufgewühlt.

Diese eine Frage: »Sind Sie glücklich?«, hatte meine komplette Welt ins Wanken gebracht. *Wie konnte ich nur so von meinem Weg abkommen?*

Ich saß auf dieser Parkbank und blickte gedankenverloren ins Weite. Plötzlich verschwammen die Dinge immer mehr vor meinen Augen. Ich sah die Bäume doppelt, mein Sichtfeld schränkte sich ein, der Boden schwankte, meine Hände wurden kalt, mein Atem ging schneller. Ich war wie erstarrt. Ich hatte panische Angst, erneut das Bewusstsein zu verlieren. Ich versuchte intuitiv ruhiger zu atmen, anzunehmen das die Angst da war und mich aber dennoch nicht von meiner Angst in Besitz nehmen zu lassen. Ich fixierte einen Punkt in der Ferne und merkte, dass ich tatsächlich wieder ruhiger wurde. Mein Puls schlug wieder etwas gleichmäßiger und mein Blick wurde klarer. Ich hatte es geschafft. Doch dieses ungute Gefühl, dass etwas mit meiner Gesundheit nicht in Ordnung war, bedrückte mich zunehmend. Ich hatte Angst, dass der Arzt mir heute Nachmittag eine schlimme Diagnose stellen würde. Diese Symptome hatte ich schließlich nicht erst seit gestern. Sie begleiteten mich schon längere Zeit. Leider war ich ein Meister im Verdrängen nicht ganz angenehmer Tatsachen.

Doch da ich nun ohnehin keine andere Wahl hatte, als bei diesem Termin zu erscheinen, konnte ich mir darüber auch später den Kopf zerbrechen.

Also genoss ich noch ein wenig die Stille der Natur und biss in mein leckeres Baguette. Der Kaffee dazu schmeckte himmlisch. Ich freute mich tatsächlich von Herzen über diesen Moment nur für mich selbst. Über das Gefühl, ganz im Hier und Jetzt zu sein. Dieses Gefühl hatte ich längst vergessen. Diese Momente waren so unglaublich wertvoll und das fühlte ich in diesem Moment so intensiv, wie schon lange Zeit nicht mehr. Meine Gedanken schweiften noch einmal zu dem Gespräch im Café mit der jungen Frau. Ich bewunderte sie und freute mich für sie, dass sie ihre Träume lebte und so erfüllt dabei war.

Ich dachte über meine eigenen Träume nach. Meine Träume, die ich vor langer Zeit noch gehabt hatte. Mein größter Traum war es immer gewesen, mit meiner Musik, Menschen zu berühren. Ihnen zu helfen, sie zu heilen, indem ich sie mit meiner Musik inspirierte. Ich liebte die Musik. Sie war immer meine Zuflucht im Leben gewesen. Ich liebte es, zu musizieren und Liedtexte zu schreiben.

Meine Erinnerung trug mich zurück in den wunderschönen, verwunschenen Garten meines Elternhauses. Ich sah mich dort im Schneidersitz im Gras sitzen, mit meiner Gitarre auf dem Schoß. Die Blumen um mich herum dufteten herrlich, die Vögel zwitscherten, die Bienen suchten sich ihren Nektar, Schmetterlinge tanzten umher und die Sonnenstrahlen kitzelten mich an der Nase. Ein breites Lächeln überzog mein Gesicht. Zurück in meiner Erinnerung sah ich nun, wie meine Mutter sich neben mich setzte und mir sanft eine Haarsträhne aus dem Gesicht strich. Ich fühlte mit jeder Faser meines Körpers diese wunderschönen, weichen Hände auf meiner Haut und die Liebe, die in dieser Geste steckte. Ich roch sogar ihren Duft und mir war, als fühlte ich meine Mutter so nah bei mir, wie noch nie zuvor in meinem Leben. Sie hob sanft mein Kinn, so dass ich ihr in die Augen sehen konnte. Ich versank in ihrem offenen, liebevollen und sanften Blick, der mir sagte: *»Du bist wundervoll.«*

Ich bekam eine Gänsehaut am ganzen Körper und Tränen der Dankbarkeit und Freude stiegen mir in die Augen. So saß ich hier, an diesem wunderschönen, sonnigen Herbsttag, und ließ meinen Gefühlen freien Lauf.

4

Ich wusste nicht, wie lange ich dort auf der Bank gesessen hatte. Doch irgendwann riss mich das schrille Klingeln meines Handys aus meiner inneren Welt und holte mich zurück in die Gegenwart. Nur widerwillig kramte ich in meiner Aktentasche nach meinem Telefon. Auf dem Display erkannte ich die Nummer meines Büros.

Ich nahm das Gespräch an. »Ja bitte, Liam McMurphy.«

»Herr McMurphy, wo sind Sie denn? Die Arztpraxis hat bereits zweimal bei mir nachgefragt, wann Sie endlich zu Ihrem Termin erscheinen?«

»Wie spät ist es denn, Florence?«

»Es ist bereits 15.00 Uhr, Herr McMurphy.«

»Ich bin schon auf dem Weg. Bitte geben Sie kurz in der Praxis Bescheid. Vielen Dank.«

»Das mache ich gerne. Bis morgen, Herr McMurphy, und alles Gute beim Arzt.«

Ich hatte die Zeit völlig vergessen. Florence war wirklich ein Engel. Sie nahm mir viel ab und war stets für mich da. Ich war dankbar, sie als Assistentin zu haben. Das machte vieles in meinem Berufsalltag leichter.

Ich fragte mich, ob ich bereits jemals so die Zeit vergessen hatte. Das passte nicht zu mir. Immer noch in Gedanken versunken, hastete ich durch Berlin. Ich dachte über zwei Dinge nach: *Was hat dieses Gefühl vom Spüren dieser intensiven Nähe zu meiner Mutter ausgelöst? Bin ich endlich wieder einmal bei mir selbst, in meinem Herzen angekommen?*

Schweißgebadet stand ich wenige Minuten später vor der besagten Arztpraxis. *Dr. Brandt, Allgemeinmediziner* stand auf dem Schild am Eingang. Ich blieb für einige Momente stehen, um mich zu sammeln und langsam wieder zu einem ruhigeren Atem zu finden.

Die Arztpraxis befand sich in einem wunderschönen Altbau mitten in Charlottenburg. Ich liebte dieses Viertel. Auch Marie und ich lebten hier. Wir fühlten uns in diesem Bezirk sehr wohl. Er war nahe beim Zentrum, strahlte aber dank der Nähe zur Spree und zum Schlosspark Charlottenburg dennoch eine gewisse Ruhe und Naturverbundenheit aus. Diese Kombination war perfekt für unser bisheriges Leben. Der Besuch eines ausgefallenen Restaurants, ein Einkaufsbummel oder die Ruhe der Natur - in Charlottenburg war alles möglich.

Ich betrat die Praxis mit einem mulmigen Gefühl. Der Besuch bei Ärzten aller Art war noch nie meine besondere Leidenschaft gewesen.

Die Sprechstundenhilfe begrüßte mich freundlich: »Guten Tag, wie kann ich Ihnen helfen?«

»Guten Tag, Liam McMurphy. Ich habe einen Termin bei Herrn Dr. Brandt. Bitte entschuldigen Sie die Verspätung.«

»Herr McMurphy, schön, dass Sie da sind. Wir hatten uns schon Sorgen um Sie gemacht. Nach Ihrem Zusammenbruch heute Morgen hätte Ihnen auch etwas zustoßen können auf Ihrem Weg hierher. Herr Dr. Brandt erwartet Sie bereits. Nehmen Sie bitte kurz im Wartezimmer Platz. Ich werde ihn informieren.«

Ich betrat das Wartezimmer und sah mich um. Die Wände erstrahlten in hellen Farben, leichte Beigetöne harmonierten mit weißen Möbeln. Die Beleuchtung war dezent. Es gab ein großes Regal mit Zeitschriften. Kleine Sofaecken wechselten sich mit Sitzgruppen ab. Ich wählte einen Platz auf einem Sofa nah am Fenster. Die Fensterfront war breit und bot einen wunderschönen Blick in die Natur. Ich entspannte mich ein wenig. Gerade als ich nach einer Zeitschrift greifen wollte, hörte ich bereits meinen Namen.

»Herr McMurphy, bitte folgen Sie mir.«

Mit einer einladenden Geste bat mich die Sprechstundenhilfe ins Behandlungszimmer von Dr. Brandt. Ich bedankte mich nickend und begrüßte den Arzt.

»Herr McMurphy, bitte nehmen Sie Platz. Wie geht es Ihnen? Hatten Sie noch weitere Beschwerden nach Ihrem Zusammenbruch?«, fragte mich Herr Dr. Brandt.

»Alles bestens, Herr Dr. Brandt. Ich hatte keine Beschwerden mehr. Das war sicher nur ein kleiner Zwischenfall.«

»Na, das werden wir uns trotzdem mal ansehen.«

Er bat mich auf die Behandlungsliege in der Mitte des Raumes. Jetzt wurde es ernst und meine Handflächen wurden feucht. Ich folgte ihm.

Dr. Brandt untersuchte mich gründlich. Er hörte Herztöne und Lunge ab, nahm mir Blut ab, machte einen Ultraschall von meinen Bauchorganen und ein EKG. Zur weiteren Abklärung erhielt ich zudem eine Überweisung zum MRT, jedoch nur zur Sicherheit, um wirklich alles auszuschließen. Denn insgesamt schien alles in Ordnung zu sein. Ohne dies geplant zu haben, erzählte ich ihm aus einem Impuls heraus von meinen immer wiederkehrenden Beschwerden der letzten Monate.

Er hörte mir aufmerksam zu. Dann sah er mich forschend an und fragte:

»Können Sie sich erinnern, zu welchem Zeitpunkt die Beschwerden das erste Mal auftraten? Wie fühlten Sie sich in diesem Moment?«

Ich überlegte, konnte mich aber nicht erinnern. Die Beschwerden hatten bereits vor längerer Zeit begonnen.

»Herr McMurphy, wie ging es Ihnen in den letzten Monaten? Ich meine nicht körperlich, sondern seelisch. Wie fühlten Sie sich?«, fragte er schließlich weiter.

»Ich glaube, es ging mir nicht gut. Ich fühlte mich nicht wohl.«

Dr. Brandt nickte verständnisvoll. »Können Sie mir das genauer erläutern? Warum fühlten Sie sich nicht wohl?«

Seine wohlwollende Stimme und sein Verständnis beruhigten mich. Ich fühlte mich sicher und so sprach ich weiter.

»Ehrlich gesagt fühlte es sich in den letzten Monaten so an, als würde ich häufig neben mir stehen, als wäre ich nur eine Figur in meinem eigenen Leben. Ich bin mir fremd geworden.«

Der Gesichtsausdruck von Dr. Brandt war in diesem Moment nur schwer greifbar für mich. Ich spürte wieder diese Unsicherheit und fragte mich, weshalb ich ausgerechnet ihm jetzt erzählte, was ich noch niemanden sonst erzählt hatte.

»Das hört sich auch für mich seltsam an. Sicher muss es eine Krankheit sein. Ich weiß selbst nicht, wie ich meine Gefühle beschreiben soll. Ich fühlte mich in den vergangenen Monaten häufig wie ein Zuschauer meines eigenen Lebens. Ich hatte immer das Gefühl nicht ich selbst zu sein«, stammelte ich.

Dr. Brandt hob langsam seinen gesenkten Kopf und sah mich an.

»Ich verstehe Sie, Herr McMurphy. Ich verstehe Sie sehr gut. Sprechen Sie weiter.«

Die Tatsache, dass er mich verstand, entspannte meine Stimmung wieder. Jetzt, wo ich meine Gefühle endlich ausgesprochen hatte, spürte ich eine große Erleichterung. Ich hatte endlich in Worte gefasst, wie ich mich fühlte: fremd in meinem eigenen Leben.

Dr. Brandt bemerkte meine innere Zerrissenheit.

»Darf ich Ihnen noch eine Frage stellen?«

»Natürlich, Herr Doktor.«

»Wenn Sie diese Schwindelanfälle, den Druck in ihrem Kopf und das Herzrasen spürten, wie ging es Ihnen da kurz vorher? Haben Sie sich über etwas Gedanken gemacht?«

Ich ließ die Frage auf mich wirken.

»Sie haben Recht, meist traten die Symptome auf, nachdem ich mir Gedanken über mein Leben gemacht hatte und mich selbst hinterfragt hatte. Immer dann, wenn meine Traurigkeit sehr groß war und mir plötzlich Dinge aufgefallen sind, die ich früher nicht gesehen hatte oder nicht hatte sehen wollen.«

»Können Sie dieses Befinden noch genauer beschreiben? Welches Gefühl passt zu ihrem Empfinden in diesen Momenten?«

»Angst, es ist Angst.«

Er nickte stumm und ich sah in seinen Augen tiefes Mitgefühl. Ich spürte, dass er mich verstand. Es war kein Mitleid, das er empfand, es war Mitgefühl. Er schwieg und ich spürte, wie er in Gedanken überlegte, wie er die folgenden Worte formulieren sollte.

Diese Worte sollten mich noch lange begleiten, das war mir sofort bewusst.

»Herr McMurphy, ich möchte ehrlich zu Ihnen sein. Sicherlich ist mir bewusst, dass eine MRT-Untersuchung noch aussteht. Dennoch bin ich mir sicher, dass es hierbei keinen klinischen Befund geben wird. Sie sind körperlich kerngesund. Doch der Mensch besteht nicht nur aus seinem Körper. Er funktioniert durch ein faszinierendes Zusammenspiel von Körper, Geist und Seele. Sind diese drei Komponenten im Einklang, harmonieren sie miteinander, dann geht es dem Menschen gut. Doch wenn einer dieser Teile beeinträchtigt ist, kommen auch die anderen Teile ins Wanken. Das eine bedingt das andere. Es kommt zu Symptomen, wo körperlich eigentlich keine sein sollten. Können Sie mir folgen?«

Ich nickte und gab ihm mit meinem Blick das Einverständnis zum Weitersprechen.

»Da Sie körperlich gesund sind, bedeutet das, dass es in einem anderen Bereich ein Problem geben muss. Ich denke, das können Sie bereits seit längerer Zeit fühlen. Das Krankheitsbild, das an dieser Stelle im Normalfall diagnostiziert werden würde, wird als Angst- oder auch Panikstörung bezeichnet. Für mich allerdings sind diese Symptome die Antwort auf eine grundlegend falsche Lebensweise. Eine Lebensweise, die nicht Ihrer Natur entspricht. Deutlicher gesagt: Sie leben an Ihrem Lebensplan vorbei, Sie haben die falsche Abzweigung genommen. Es läuft etwas schief und Ihr Körper versucht Sie mit allen Mitteln darauf aufmerksam zu machen. Er möchte Sie wieder zurück auf den für Sie bestimmten Weg holen«, beendete er diese unglaubliche Erkenntnis.

Ich war sprachlos, sah ihn nur an und ließ seine Worte langsam in mein Bewusstsein dringen.

»Mein Rat an Sie, Herr McMurphy, lautet: Nehmen Sie sich Zeit, über meine Worte nachzudenken und spüren Sie in sich hinein. Ich bin sicher, Sie werden den richtigen Weg finden. Meine Tür steht immer offen für Sie.«

Es war alles gesagt. Er beobachtete mich still und erhob sich dann.

»Machen Sie es gut, Herr McMurphy.«

»Vielen Dank, Herr Dr. Brandt, vielen Dank.«

Mit einem Nicken an die nette Arzthelferin verließ ich die Praxis. Draußen an der frischen Luft atmete ich tief ein. Ich war gesund, zumindest körperlich. Das war ein Grund zur Freude.

Den Weg nach Hause ging ich zu Fuß. Es war nicht besonders weit und die Bewegung tat mir gut und half mir, das Gespräch mit Herrn Dr. Brandt noch einmal in Gedanken durchzugehen. Ich fröstelte leicht, zog meine Schultern nach oben und vergrub meine Hände in den Taschen meines Mantels. Ich trug noch meine Bürokleidung. Diese war immer dieselbe: Hemd, Anzughose und Sakko. Gelegentlich trug ich unterschiedliche Hemdfarben, doch großen Entscheidungsspielraum gab es kaum. Dieser Dresscode war in unserer Firma vorgegeben und somit beschäftigte ich mich auch nicht mit Alternativen. Früher liebte ich Mode und das Experimentieren damit. Doch heute gab es wenig Anlass dazu.

Ich ging durch die Straßen von Charlottenburg, wich Passanten aus und hörte das Laub unter meinen Schritten rascheln. Meist ging ich den großen Blätterhaufen aus dem Weg, doch heute lief ich direkt hindurch. Ich fühlte mich in meine Kindheit zurückversetzt. Als kleiner Junge war ich im Herbst in jeden Blätterhaufen gesprungen und hatte die Blätter in die Luft geworfen, um sie dann auf mich hinabrieseln zu lassen. Ich hatte dabei immer vor Freude getanzt. Unwillkürlich musste ich schmunzeln und dies brachte mich auf eine Idee. Ich lächelte in mich hinein und beschleunigte meine Schritte. Ich spürte Schmetterlinge in meinem Bauch flattern, die tief stehende Herbstsonne kitzelte mein Gesicht und ich spürte, wie meine Beine immer schneller wurden. Nun rannte ich durch die Straßen, inmitten dieser raschelnden Blätterhaufen überkam mich plötzlich ein Glücksgefühl und ich empfand eine unglaubliche Vorfreude.

Völlig außer Atem kam ich bei unserer Wohnung an. Ich betrachtete den wunderschönen Altbau nur flüchtig, doch mir entging nicht das leuchtende, goldschimmernde Licht der Sonne, welches auf die verschnörkelte Fassade fiel und sich auf dem schmiedeeisernen Metall des kleinen Balkons in der 4. Etage brach. Es war wunderschön anzusehen. Das Haus war in einen goldgelben Schimmer getaucht und mein Herz hüpfte noch mehr.

Ich liebte diesen Altbau, er hatte so viel Charme. Doch leider waren nicht alle Wohnparteien mit dem Luxus einer eigenen Dachterrasse, wie Marie und ich sie hatten, gesegnet. Das war der Nachteil der meisten Altbauten in Berlin. Die Balkone der Altbauwohnungen waren meist sehr klein. Ich genoss jeden freien Moment auf unserer Dachterrasse. Marie hatte sie zu einem kleinen Paradies mitten in der Stadt werden lassen. Überall leuchteten Blumen, kleine Bäumchen wiegten sich im Wind, Lichterketten glitzerten mit den Sternen um die Wette und Lampions verzauberten die Nacht. An diesem wundervollen Ort fanden wir die nötige Ruhe nach unseren turbulenten Arbeitstagen. Hier hatten wir bereits viele lauschige Abende, durchwachte Nächte und entspannte Wochenenden verbracht. Doch nicht nur unsere Terrasse hatte Marie zu einem Wohlfühlort verwandelt, auch unsere gesamte Wohnung verbreitete diesen Wohlfühlcharakter. Während ich an Marie dachte, wurden die Schmetterlinge in meinem Bauch immer aufgeregter, mich trennten nun nur noch wenige Schritte von ihr. Ich sprang die Treppen nach oben, mein Herz klopfte, als ich den Schlüssel ins Türschloss steckte. Ich wusste selbst nicht mehr, wann ich das letzte Mal so voller Freude gewesen war.

»Marie, ich bin hier!«, rief ich ihr entgegen und meine Freude war deutlich zu hören. »Komm, zieh dich an, ich will dich entführen.«

Marie kam mir irritiert, aber mit einem breiten Lächeln auf den Lippen entgegen. Man konnte ihr die Überraschung über meine Worte und wahrscheinlich auch über meine freudige Stimmung deutlich ansehen. Ich begrüßte sie mit einem stürmischen Kuss auf ihre weichen Lippen, nahm sie an der Hand und zog sie hinter mir her in Richtung Haustür.

»Halt, Liam, ich brauche noch meine Jacke. Nicht so schnell, was ist nur mit dir los?«, erwiderte sie lachend.

Ich liebte dieses Lachen in ihrer Stimme, man spürte ihre Freude. Hand in Hand rannten wir die Treppen hinunter. Wie hatte ich dieses unbeschwerte Glücksgefühl, die letzten Wochen, sogar Monate vermisst. Wir beide ein Team, lachend, liebend, tanzend. Ich konnte es kaum erwarten unten anzukommen. Als wir aus der Tür traten, traf uns die untergehende Herbstsonne mitten ins Gesicht. Wir genossen den Moment. Ich hielt ihre Hand, begann zu rennen und rannte mit Marie durchs raschelnde Herbstlaub. Völlig außer Atem blieben wir stehen. Ich nahm die Frau meines Lebens in die Arme, hob sie hoch, wirbelte sie durch die Luft und konnte meine Glücksgefühle kaum beschreiben. Wir küssten uns innig, eingetaucht in das goldgelbe Licht der Herbstsonne. Die herabfallenden Blätter streiften uns sanft. Ich strich ihr über die Wange und nahm sie noch einmal fest in den Arm. Ich liebte ihre Nähe. So standen wir eine ganze Weile. Es war wunderschön. Aufgeladen mit Freude nahm ich eine Handvoll Blätter, warf sie in die Luft und ließ sie auf uns regnen. Ich fühlte mich wie ein Kind, so offen und frei. Marie stieg mit ein und schon befanden wir uns in einer Blätterschlacht mitten in Berlin. Wir hielten uns unsere Bäuche vor Lachen und die Blicke der Passanten, die uns mal grinsend, mal kopfschüttelnd trafen, nahmen wir nur flüchtig wahr. Wir waren in unserer eigenen Welt.

Langsam verhallte unser Lachen. Ich ergriff Maries Hand und hielt sie fest in meiner. So schlenderten wir die blättergesäumte Allee zurück und genossen die wunderschöne Herbststimmung von Berlin. Es gab nicht viel zu sagen, es galt, im Moment zu sein. Das konnte ich nur mit Marie in dieser Intensität. Die Welt um mich herum zu vergessen, war mir sonst im Alltag kaum mehr möglich. Doch Marie vollbrachte dieses Wunder. Ich sah sie immer wieder von der Seite an. Sie spürte meine Blicke, die auf ihr ruhten, und lächelte schweigend. Manchmal drehte sie ebenfalls ihren Kopf und unsere Blicke trafen sich. Ich sah das Glück in ihren Augen, das Glück, mich wieder zu haben. Diese Verbundenheit hatte ich bisher in meinem Leben außer mit meiner Mutter, nur mit Marie gespürt.

Doch ihr liebevoller, wissender Blick machte mich auch traurig. Ich war traurig über die Erkenntnis, dass auch sie längst über mein Befinden Bescheid wusste. Nur ich hatte dieses Gefühl des Fremdseins mit aller Macht verdrängt.

Marie sah mir diesen kleinen Moment der inneren Erkenntnis an. Sie spürte es, wie sie alles spürte, was in mir vorging.

»Liam, das war schön, wunderschön. Danke«, flüsterte sie.

Ich blieb stehen und blickte ihr direkt in die Augen.

»Ich liebe dich, Marie. Ja, es war wunderschön. Es tut mir leid, dass ich die letzten Monate so abwesend war. Das hatte allein mit mir zu tun. Es tut mir leid, dass du darunter leiden musstest. Ich muss in den nächsten Wochen einiges überdenken und es würde mir viel bedeuten, wenn du dabei an meiner Seite wärst. Ich brauche dich bei mir.«

Marie nickte wissend, um mich dann einfach in ihre Arme zu schließen. Eine Träne kullerte mir langsam die Wange hinunter. Ich war unendlich dankbar für diesen Engel in meinem Leben.

5

Dieser Abend hallte noch lange in uns nach. Wir fühlten uns endlich wieder verbunden und einander nah. Wir redeten viel miteinander. Wir gingen in Restaurants, verabredeten uns im Kino und schlenderten am Abend durch die Straßen von Berlin, um uns zwischendurch auf einer Bank niederzulassen und den Sternenhimmel zu bewundern. Ich fühlte mich wohl bei Marie und es tat mir gut, mit ihr endlich wieder über das Leben zu sprechen. Ich vertraute ihr meine Gedanken und Gefühle an.

Nach einigen Tagen wagte ich es sogar, von meinem Besuch bei Dr. Brandt zu berichten. Ich hatte befürchtet, dass sie sich Sorgen um meine Gesundheit machen könnte und meine größte Angst war es wohl, mir einzugestehen, dass ich mich auf dem falschen Lebensweg befand. Auf einem Weg der mich weg von mir, anstatt hin zu mir führen sollte. Mir war noch nicht klar, wie es mir gelingen könnte, den richtigen Weg einzuschlagen.

Marie saß eingekuschelt in eine dicke Decke auf unserer Couch und las gedankenversunken ein Buch. Langsam ging ich auf sie zu, atmete tief durch und setzte mich neben sie.

»Marie, mein Schatz, ich würde dir gerne etwas erzählen.«

Sie hob ihren Kopf, um mich anzusehen und bat mich mit ihrem sanften Blick zu beginnen. Ihre mitfühlende Reaktion ermutigte mich und ich begann zu erzählen, erzählte von meinem Zustand, von dem Herzrasen, dem Druck in meinem Kopf, den Schwindelgefühlen, dem

Fremdkörpergefühl im eigenen Leben, die andere Sichtweise von den Dingen und dem Gefühl der Traurigkeit. Ich erzählte ihr endlich von meinem Zusammenbruch, von dem seltsamen Gespräch mit Paul Becker, dem Arztbesuch und den Worten von Dr. Brandt, die mein Leben verändert hatten. Und dann passierte es: Ich fühlte mich unendlich befreit, eine große Last fiel von meinen Schultern. Es war ausgesprochen, es war nun Realität geworden und ich musste es nicht mehr nur mit mir selbst ausmachen. Ich hatte Marie an meiner Seite.

Maries Blick sagte alles. In ihren Augen spiegelten sich unendliche Liebe, tiefes Mitgefühl, Verständnis, Dankbarkeit und Trauer zugleich. Marie nahm meine Hand und hielt sie fest, eine gefühlte Ewigkeit lang. So saßen wir beide nebeneinander und sogen die Verbundenheit förmlich in uns auf.

Bis ihre Worte die Stille durchbrachen.

»Ich weiß, Schatz, ich weiß. Es ist okay.«

Nun spürte ich die salzigen Tränen auf meinen Lippen. Sie hatte alles gefühlt, sie hatte es gewusst und doch hatte sie mir alle Zeit gegeben, um es allein herauszufinden. Sie hatte gewartet, bis ich zu ihr kam und so weit war. Diese tiefe Liebe überwältigte meinen Körper in jeder Faser meines Seins. Ich hörte Marie flüstern, »Ich bin für dich da.«

Ich war überwältigt von meinen Gefühlen und auch von ihren. Marie ging es genauso, das spürte ich deutlich. Die Luft knisterte förmlich. Unsere Blicke trafen sich und wir küssten uns stürmisch und wild. Ich wollte sie plötzlich so sehr, wie noch nie zuvor.

Meine Hände vergruben sich in ihren wunderschönen langen, weichen Haaren. Ich liebkoste ihren Nacken. Sie roch unglaublich gut. Meine Hände wanderten zu ihren Brüsten und mein Mund fand wieder den ihren. Sie stöhnte leise und auch mein Atem ging schneller. Ich spürte meine Erregung in jeder Zelle meines Körpers. Marie begann mein Hemd aufzuknöpfen und meinen Oberkörper zu streicheln. Ihre Hände wanderten immer tiefer und als sie sich an meinem Hosenknopf zu schaffen machten, konnte ich kaum noch klar denken.

Meine Küsse wurden fordernder und ich rang nach Luft, als sie ihre Hände in meine Hose gleiten ließ. Meine Hände erforschten weiter ihren wunderschönen Körper, der in jeder Hinsicht perfekt war. Ich bedeckte ihre Brüste mit zarten Küssen und umspielte mit meiner Zunge ihre Brustwarzen. Nun war sie es, die nach Luft rang. Es gab für uns beide kein Halten mehr. Ich streifte ihren BH und ihr Höschen ab und sie mir meine noch übrig gebliebenen Kleidungsstücke. Endlich waren wir nackt. Wir sahen uns noch einmal an, bevor wir wieder übereinander herfielen. Wir küssten uns und ich wanderte tiefer. Meine Lippen küssten jeden Zentimeter ihres Körpers, bis sie ihr Ziel fanden. Marie genoss meine Liebkosung in vollen Zügen. Ich vergrub mein Gesicht tief zwischen ihren Beinen und ließ mich von ihrer Lust ebenfalls tiefer in die Erregung mitnehmen. Ihre Hände gruben sich in meine Haare und ihr Körper begann zu zittern. Sie ließ sich fallen und spreizte ihre Beine weiter, um mich zu sich hochzuziehen. Sie küsste mich und fasste meine Pobacken. Ihre Beine klammerten sich um mich und sie spürte meine Erregung. Wir stöhnten beide, als wir endlich vereint waren. Wir bewegten uns langsam und die sanften Stöße steigerten unsere Leidenschaft. Wir steigerten die Geschwindigkeit und verschmolzen komplett miteinander. Der gemeinsame Rhythmus war mal drängender, mal sanft. Ich entzog mich ihr kurz, um dann wieder in sie einzudringen. Sie drängte sich mir förmlich entgegen. Ihre Fingernägel krallten sich in meine Pobacken und unsere Sinne rauschten.

Es war völlige Hingabe, völlige Leidenschaft. Ich drehte sie auf der Couch über die Lehne, um sie noch tiefer spüren zu können. Meine Finger wanderten zu ihrer Klitoris und rieben sie sanft. Marie war außer sich. Sie wand sich unter mir, ließ ihren Kopf nach hinten fallen und bäumte sich auf. Sie so zu sehen war atemberaubend. Ich umschloss mit den Händen ihre Brüste. Meine Stöße steigerten ihre Lust ins Unermessliche. Lange würde ich es nicht mehr aushalten können. Meine Hände umklammerten ihre Hüften, bis wir beide gemeinsam unseren Orgasmus erlebten.

Ich umarmte Marie von hinten und küsste ihren Nacken. Das war unglaublich gewesen. Wir waren beide völlig außer Atem, unsere Körper schwitzten und unsere Sinne waren vernebelt. Wir fühlten pures Glück. Eng umschlungen kuschelten wir uns aneinander und genossen das eben Erlebte. Ich liebte diese Frau mehr als mein Leben und ich war dankbar für jeden Moment mit ihr. Zusammen konnten wir alles schaffen.

Wir schliefen nebeneinander auf der Couch ein. Mitten in der Nacht erwachte ich. Marie schlief selig in meinen Armen. Ich trug sie behutsam in unser Schlafzimmer und legte sie sanft ins Bett. Leise ging ich dann auf unsere Dachterrasse hinaus und blickte zu den Sternen. Der Anblick überwältigte mich. Ich war dankbar und fühlte mich in diesem Augenblick mit allem verbunden. Leise schlich ich wieder ins Schlafzimmer und betrachtete meine schlafende Frau. Ich sah sie an, um ihre Schönheit zu bewundern. Wenn ich ihr beim Schlafen zusah, empfand ich einen tiefen inneren Frieden. Ich kuschelte mich eng an Marie und schlief wieder ein.

Am nächsten Morgen erwachten wir erst spät, die Herbstsonne stand bereits hoch am Himmel. Sanfte Sonnenstrahlen sickerten durch die zarten Vorhänge unseres Schlafzimmers. Die Schönheit dieses Tages ließ sich bereits erahnen. Marie streckte sich wohlig in alle Richtungen aus, sie räkelte ihren Körper und rollte sich dann auf die Seite, um mir einen sanften Guten-Morgen-Kuss auf den Mund zu hauchen. Da war es bereits wieder um mich geschehen. Ich fühlte tausend Schmetterlinge in meinem Bauch, fühlte mich wie frisch verliebt und meine Erregung über diesen wunderschönen Körper breitete sich in Wellen in meinem Körper aus. Ich zog sie eng an mich und küsste sie. Meine Erregung riss sie mit. Wir wälzten uns engumschlungen und küssend in unserem großen Kingsize Bett. Wir waren immer noch nackt. Ich küsste Marie am ganzen Körper und ihre Hände wanderten wieder in meinen Schritt. Ich beugte mich über sie und sie spreizte ihre Beine. Ich drang tief und lustvoll in sie ein. Doch dieses Mal wurden die Bewegungen schnell fordernder. Sie gab mit ihrem Becken den Takt vor und drängte sich gegen mich. Meine Bewegungen wurden schneller. Sie spreizte ihre Beine noch ein Stück, hob ihr Becken und ließ ihre Arme über ihren Kopf fallen. Dieser Anblick raubte mir den Atem. Ein letzter Stoß und wir waren in unserem nächsten Orgasmus vereint. Wir sackten zusammen und lachten. Wir verstanden selbst nicht, was diese neue Nähe ausgelöst hatte, aber es war schön.

Die nächsten Wochen war diese Nähe deutlich in unserem Alltag zu spüren. Wir gingen liebevoller miteinander um und achteten noch mehr auf den anderen.

Bei der Arbeit ging alles seinen gewohnten Gang, doch das Gespräch mit Paul Becker, das mir meinen Zusammenbruch beschert hatte, wagte ich noch nicht nachzuholen. Die besagte Stelle war noch immer nicht besetzt und langsam wurde der Druck von der oberen Chefetage größer. Das Mitarbeitergespräch mit Raul wurde auf unbestimmte Zeit verschoben. Auf unbestimmte Zeit, da er leider am Tag nach meinem Zusammenbruch nicht mehr im Büro erschienen war. Meine Assistentin Florence versuchte seitdem vergeblich, die Gründe für sein Verschwinden herauszufinden. Ich dachte oft an Raul und mich plagte mein schlechtes Gewissen. Ich wusste, dass ich mich zu wenig um ihn und seine Belange gekümmert hatte. Ich hatte immer gespürt, dass er sich mit der Ellbogenmentalität in dieser Branche schwertat und hatte stets versucht, ihm den nötigen Freiraum zu bieten. Ich hoffte sehr, dass es ihm gut ging.

Doch nun galt es, die High Performer Stelle zu besetzen. Es führte kein Weg daran vorbei. Ich musste Paul Becker zu einem weiteren Gespräch einladen. Ich beauftragte Florence damit, einen Termin zu vereinbaren. Zudem stand die Planung des Weihnachtsessens an. Dieses Essen plante jedes Team für sich, denn in unserem Unternehmen gab es keine großen Weihnachtsfeiern. Unsere Chefs konnten mit Weihnachten nicht viel anfangen. Ich hingegen liebte dieses Fest und konnte nicht fassen, dass es bald schon wieder so weit war. Die Tage wurden nun kürzer, die Nächte länger, die Luft wurde kälter und der Himmel klarer. Mit dem ersten Frost wichen die leichten Übergangsjacken den Wintermänteln. Die Menschen auf den Straßen waren nun warm eingepackt in dicke Schals, weiche Handschuhe und kuschelige Mützen. Ich mochte den Herbst und auch den Winter. Es gab im Grunde keine Jahreszeit, die ich nicht mochte. Denn jede hatte etwas Einzigartiges zu bieten und verzauberte die Natur auf ihre ganz eigene Weise. Der Winter und damit auch die Weihnachtszeit versprühten für mich jedoch schon seit meiner Kindheit einen Hauch von Magie. Meine Mutter hatte diese Zeit ebenfalls geliebt. Sie war es gewesen, die diese Liebe an mich weitergegeben hatte. Wenn ich an Weihnachten dachte, sah ich leuchtende Kerzen, funkelnde Lichter, duftende Plätzchen und strahlende Augen. Und ich dachte an sie. Die Freude in ihren Augen an Heiligabend hatte sich für immer in mein Gedächtnis gebrannt. Der Weihnachtszauber war wunderschön. In dieser Zeit lagen Liebe und Dankbarkeit in der Luft.

Das Klingeln des Telefons holte mich zurück ins Hier und Jetzt, widerwillig nahm ich den Hörer ab.

»McMurphy hier, was kann ich für Sie tun?«

»Guten Tag, Herr McMurphy, Paul Becker am Apparat. Ich habe gerade an Sie gedacht und wollte mich erkundigen, wie es Ihnen geht? Ihr Zusammenbruch hat mich sehr beschäftigt«, hörte ich Paul Beckers Stimme am anderen Ende der Leitung.

Ich schwieg und meine Gedanken kreisten. *Was soll das denn jetzt?* Gerade hatte ich an Paul Becker gedacht und nun rief er mich an. Ich musste unwillkürlich an meine Mutter denken und lächelte in mich hinein. Das Gesetz der Anziehung – Gleiches zieht Gleiches an, hatte ich längst vergessen.

»Herr McMurphy, sind Sie noch dran?«

Erneut wurde ich aus meinen Gedanken gerissen.

»Bitte entschuldigen Sie, Herr Becker. Natürlich, vielen Dank für Ihren Anruf. Mir geht es wieder gut. Ich war gerade irritiert, da auch ich kurz vor Ihrem Anruf an Sie gedacht habe«, antwortete ich ehrlich.

Ich hörte ein Lachen in der Leitung und seine folgenden Worte konnte ich kaum fassen:

»Das Gesetz der Anziehung. So ist es eben.«

Das Gesetz der Anziehung, es war unglaublich. Da war es wieder. Ich musste mich kurz sammeln, bevor ich fortfahren konnte. Mein Herz hüpfte und meine Gedanken fuhren Achterbahn. Ich konnte doch diesen für mich fast unbekannten Mann nicht auf diese sogenannten »spirituellen Dinge« ansprechen. Leider war Spiritualität in der heutigen Zeit häufig immer noch ein sensibles Thema. Ich verstand selbst nicht, wieso dies so war. Doch da ich, dank meiner Mutter mit diesen Themen bereits in meiner Kindheit vertraut gemacht worden war, war diese Weltsicht für mich die eigentlich »Normale«. Ich wusste, dass es sich dabei um eines der universellen Lebensgesetze handelte. Ich hatte diesen Umstand, nur lange Zeit vergessen. Mit einem Mal war ich unglaublich glücklich. Es war wie ein Nachhausekommen. Es gab sie also, noch andere Menschen außer Marie und mich, die ähnlich fühlten.

Das Schweigen in der Leitung dauerte Paul Becker wohl ein wenig zu lange. Denn im nächsten Moment sprach er bereits weiter: »Das freut mich, Herr McMurphy, dass es Ihnen wieder gut geht. Ich wollte Sie auch nicht lange stören.«

Meine Antwort ließ dieses Mal nicht lange auf sich warten. »Nein, Herr Becker, Sie stören mich nicht. Ich freue mich über Ihren Anruf. Ich hätte es Ihnen sowieso gleichgetan. Möchten Sie nicht auf ein weiteres Gespräch bei mir im Büro vorbeikommen?«

Nun war es Herr Becker, der die Stille am anderen Ende der Leitung verursachte. Ich wartete gespannt auf seine Reaktion. Er räusperte sich und begann dann zu sprechen: »Das ist sehr nett von Ihnen. Doch ich möchte nur ungern Ihre wertvolle Zeit verschwenden. Ich denke nicht, dass ich der bin, den Sie suchen.«

Doch rätselhafterweise wollte ich diesen Mann auf jeden Fall und um jeden Preis wiedersehen. Er strahlte eine enorme Anziehungskraft auf mich aus. Ich wusste nicht, was es war, doch es galt, dieses Geheimnis zu entdecken. Also ließ ich keine Ausreden gelten. Es war mir gleich, ob es zu einem Abschluss kam.

»Sie verschwenden meine Zeit nicht, im Gegenteil. Ich würde mich freuen Sie morgen um 10.00 Uhr in meinem Büro zu sehen. Bis morgen, Herr Becker.«

Damit beendete ich das Gespräch. Ich konnte bereits erahnen, dass Paul Becker diese Ansage irritiert und überrumpelt hatte, und ich hoffte, dass er nicht verärgert darüber war. Jemanden vor vollendete Tatsachen zu stellen war sonst nicht meine Art. Ich hatte ihm nicht einmal die Chance gegeben, zu antworten. Doch so war ihm auch die Möglichkeit verwehrt, abzulehnen. Ich war gespannt, ob er morgen hier erscheinen würde.

Noch in Gedanken versunken, hatte ich nicht mitbekommen, dass Florence das Büro betreten hatte. Sie sah aufgewühlt aus.

»Herr McMurphy, schauen Sie sich das an. Es kam ein Brief für Sie. Ein Brief aus Ghana!«

Florence streckte mir aufgeregt ein noch geschlossenes Kuvert entgegen.

Ich griff nach dem Brief und sah ihn mir an. Es stand kein Absender darauf, lediglich mein Name und unsere Büroadresse. Doch Briefmarke und Poststempel waren tatsächlich aus Ghana. Das war in der Tat seltsam. Nun war ich auch gespannt. Ich öffnete die oberste Schublade meines Schreibtisches und griff nach meinem Brieföffner. Mit einem geübten Griff öffnete ich den Brief und faltete ihn behutsam auseinander.

Ich begann zu lesen:

»Lieber Herr McMurphy,
es tut mir leid, dass ich ohne ein Wort des Abschieds verschwunden bin. Doch Ihr Zusammenbruch, den ich an diesem Tag miterlebt hatte, öffnete mir die Augen. Ich war am falschen Ort. Ich hatte den falschen Job. Ich war auf dem falschen Weg. Ich spürte es bereits seit einiger Zeit und ich denke, Sie spürten es ebenfalls. Ich brauchte Zeit. Zeit, um mir über einiges klar zu werden. Ich hoffe, Sie können mich verstehen. Ich weiß, dass die Art und Weise meines Verschwindens nicht die Richtige war und ich hoffe, Sie können mir dies verzeihen. Doch ich musste diesen Moment der Erkenntnis für mich nutzen, um den Mut aufzubringen diesen Schritt zu wagen. Denn Schritt, die sichere Basis, die mir seit meiner Jugend als ideale Lebensform, als Wert vorgelebt wurde, hinter mir zu lassen, um meinem Bauchgefühl zu folgen. Meinen sicheren Job zu kündigen, war für meine Familie nicht nachvollziehbar. Ich warte noch auf den richtigen Zeitpunkt, um ihnen alles zu erklären. Doch bei Ihnen, Herr McMurphy, weiß ich, dass Sie mich verstehen.
Danke für alles. Danke, dass Sie mich sein ließen, wie ich bin. Ich bin im Moment in Ghana und arbeite als Entwicklungshelfer für

eine Hilfsorganisation. Dies war schon immer mein Traum. Ich liebe
es, anderen Menschen zu helfen, für sie da zu sein und ihnen zuzu-
hören. Ich weiß noch nicht, wohin mein Weg mich danach führen
wird, aber ich hoffe, wir werden uns eines Tages wieder begegnen. Ich
wünsche Ihnen nur das Beste, Herr McMurphy.
Und denken Sie daran: Manchmal ist der Zeitpunkt gekommen,
einfach aufzustehen und zu gehen. Dinge und auch Menschen hinter
sich zu lassen, die einem nicht mehr guttun oder die nicht mehr zu den
eigenen Lebensumständen und Zielen passen.

Ihr Raul«

Da saß ich nun und starrte auf die eben gelesenen Zeilen.
Diese berührten mich sehr. Denn ich verstand Raul nur
zu gut. Ich bewunderte ihn für seinen Mut, diesen Schritt
gewagt zu haben. Und ich wünschte ihm nur das Beste. Ich
schüttelte den Kopf und wunderte mich über diesen verrückten Tag. Plötzlich hörte ich die Stimme von Florence.
Ich hatte völlig vergessen, dass Sie noch neben mir stand.

»Herr McMurphy, wer schreibt Ihnen diesen Brief?«,
fragte sie.

Sie betrachtete mich eindringlich, die Spannung im Raum
war förmlich zu spüren. Ich überlegte kurz, ob ich ihr den
Brief einfach zum Lesen geben sollte oder ob er zu persönlich war. Doch Florence kannte Raul ebenso gut, wie
ich und hatte ihn sehr gerne gemocht, das wusste ich. Also
gab ich ihr den Brief. Sie setzte sich in den Stuhl gegenüber
von meinem Schreibtisch und begann zu lesen. Ich beobachtete mitfühlend, wie sich ihre Augen mit Tränen füllten.
Ob dies Tränen der Erleichterung, der Rührung oder der
Freude waren?

Nachdem sie ihn gelesen hatte, ließ Florence den Brief auf ihre Oberschenkel sinken. Sie senkte den Kopf und eine Träne kullerte über ihre Wangen. Dann hob sie den Kopf wieder und blickte mir in die Augen. Ich hatte das Gefühl, dass ich sie in diesem Moment das erste Mal, seit wir uns kannten, wirklich sah. Ich sah sie, mit all ihren Gefühlen und hatte das Gefühl, als könnte ich ihr mitten ins Herz sehen. Es war ein überwältigender Moment. Ich spürte großes Mitgefühl und eine tiefe Verbundenheit mit ihr und Raul, die den ganzen Raum ausfüllte.

Ich bot Florence an, heute bereits etwas früher nach Hause zu gehen und sie nahm das Angebot dankend an. Ich entschied mich, dass ich meine E-Mails auch morgen noch bearbeiten konnte. Diese Entscheidung passte gar nicht zu mir, wie ich verwundert bemerkte. Aber sie fühlte sich richtig an. Ich konnte es kaum erwarten, nach Hause zu kommen und Marie von meinem unglaublichen, ereignisreichen Tag zu erzählen.

6

Als ich den Heimweg durch die überfüllte Berliner Innenstadt endlich geschafft hatte, stieg ich voller Vorfreude die Treppenstufen zu unserer Wohnung hinauf. Marie war überrascht, mich schon so früh zu sehen. Sie umarmte mich strahlend und küsste mich liebevoll. Wir freuten uns auf einen gemütlichen Abend auf der Couch. Ich ging in unser Ankleidezimmer, das an unser Schlafzimmer angrenzte und tauschte meine Bürokleidung gegen eine bequeme Jogginghose und einen leichten Pullover. Das tat ich immer als Erstes, wenn wir am Abend nichts vorhatten. So war ich bereit für unseren gemeinsamen Abend.

Ich hörte Marie rufen: »Schatz, hast du Lust auf Nudeln?«

Diese Frage war völlig überflüssig, denn ich hatte immer Lust auf Nudeln.

»Wie könnte ich das nicht, mein Liebling?«, antwortete ich lächelnd.

Ein wunderschönes Glücksgefühl breitete sich in mir aus. Das waren sie, die kleinen Momente im Alltag, die mir die Dankbarkeit durch den ganzen Körper strömen ließen. Nach so langer Zeit spürte ich diese Gefühle endlich wieder. Ich ging zu Marie in die Küche, wo sie das Abendessen für uns zubereitete. Marie liebte das Kochen, dabei war sie in ihrem Element. Sie legte großen Wert auf gesundes Essen. Marie war Vegetarierin und auch ich aß selten Fleisch. Es duftete bereits lecker. Der Tisch in unserer offenen Wohnküche war liebevoll gedeckt, Kerzen flackerten in allen Ecken der Wohnung. Die Stimmung war urgemütlich.

Nach dem Abendessen machten wir es uns auf der Couch gemütlich. Ich berichtete Marie von meinem ereignisreichen Tag und sie hörte aufmerksam zu. Das liebte ich an ihr. Ich hatte bei Marie immer das Gefühl, dass sie wirklich zuhörte, ich fühlte mich von ihr gehört. So oft in meinem Leben war ich mit Menschen zusammen gewesen, die nicht zuhören konnten. Diese Eigenschaft war eine Gabe und äußerst selten anzutreffen. Marie war beeindruckt von Rauls Brief. Sie mochte Menschen, die ihren eigenen Weg gingen. Denn sie war genauso. Wir sprachen noch lange über Raul und über das am nächsten Tag anstehende Gespräch mit Paul Becker. Ich war gespannt darauf und gleichzeitig ein wenig unsicher. Denn ich wusste nicht, was dieses Treffen in mir auslösen würde. Schließlich hatte ich nach unserer letzten Begegnung meinen Zusammenbruch.

Später erzählte mir Marie Geschichten voller Leben aus ihrem Schul-Alltag, der so ganz anders war als meiner. Ich liebte es, ihr zuzuhören und von ihr zu lernen. Marie liebte ihre Arbeit und die Kinder. Sie war nicht nur Lehrerin, sondern so viel mehr. Sie war Seelentrösterin, Freundin, Krankenschwester und Beschützerin. Die Kinder lernten dank ihr nicht nur lesen, schreiben und rechnen, sie lernten auch viel über das Leben. Mit ihrer herzlichen Art beeinflusste sie die Kinder positiv. Marie hatte ihre Lebensaufgabe gefunden.

Im Laufe unserer inspirierenden Gespräche über den Sinn des Lebens und das Leben selbst war es spät geworden. Es war Zeit, ins Bett zu gehen. Wir kuschelten uns eng aneinander und schliefen schnell ein.

Am nächsten Morgen blieb nur Zeit für ein kurzes Frühstück. Ich verabschiedete mich schnell von Marie und drückte ihr einen flüchtigen Kuss auf den Mund. Ich hatte es eilig, denn vor dem Treffen mit Paul Becker hatte ich noch einige E-Mails abzuarbeiten. Zudem musste ich noch entscheiden, wo unsere Weihnachtsfeier stattfinden sollte. Ich beschloss, an diesem Tag mit dem Fahrrad zur Arbeit zu fahren. Das hatte ich seit einer Ewigkeit nicht mehr getan. Ich war zwar etwas länger unterwegs, aber die Bewegung tat mir gut. Meinem Anzug allerdings war das morgendliche Fahrrad-Abenteuer deutlich anzusehen. Also beschloss ich, gleich am nächsten Tag einen Wechselanzug im Büro zu deponieren. Ich betrat als einer der ersten das Büro und genoss es, ein paar Minuten allein zu sein. So konnte ich in Ruhe meine E-Mails bearbeiten.

Nach einiger Zeit betrat Florence das Büro.

»Guten Morgen, Herr McMurphy, wie geht es Ihnen? Sind Sie bereit für den Termin mit Herr Becker?«, begrüßte sie mich mit einem Lächeln auf den Lippen.

»Guten Morgen, Florence. Schön, Sie zu sehen. Ja, ich denke, ich bin bereit.«

Ich war mir sicher, dass sie die leichte Unsicherheit in meiner Stimme bemerkte.

»Gut, Herr McMurphy. Ich bereite alles vor. Möchten Sie einen Kaffee? Und haben Sie schon eine Entscheidung für unser Weihnachtsessen getroffen?«

»Danke Florence, ich möchte im Moment keinen Kaffee. Jedoch könnte ich Ihre Hilfe bei der Entscheidung für ein Restaurant brauchen. Ich kann mich zwischen zwei Optionen nicht entscheiden. Hätten Sie bei unserem Weihnachtsessen lieber einen Blick über die Stadt oder eine tolle

Aufsicht auf die Havel? Was meinen Sie?«, fragte ich meine Assistentin, denn diese Entscheidung war tatsächlich keine leichte.

»Das ist in der Tat keine leichte Entscheidung, aber ich würde mich für das Restaurant mit Blick auf die Havel entscheiden. Der Blick auf die üppigen Wälder und die bezaubernden Lichter der beleuchteten Stege passen perfekt zur Weihnachtszeit.«

»Danke, Florence. Nehmen wir also das Restaurant an der Havel«, stimmte ich ihr lächelnd zu.

»In Ordnung, Herr McMurphy. Ich bereite alles vor.«

Sie verließ leise mein Büro. Kurz darauf hörte ich ein Klopfen.

»Herr McMurphy, ich wollte Ihnen nur kurz Bescheid geben, dass ich das Restaurant gebucht habe. Stellen Sie sich vor, es gibt sogar einen Empfang für uns, mit Glühwein rund um eine Feuerschale im Garten des Restaurants. Im Garten hat man einen wunderschönen Blick auf den Fluss. Das wird ein schönes Weihnachtsessen werden.«

Florence strahlte, ihre Freude war ihr deutlich anzumerken. Sie steckte mich förmlich an.

»Guten Morgen zusammen.«

In der Tür zu meinem Büro stand plötzlich Paul Becker.

»Bitte entschuldigen Sie. Ich bin etwas früher dran und hoffe, dass das für Sie in Ordnung ist?«

Mit diesen Worten schaute er uns fragend an.

Er sah anders aus als bei unserem letzten Treffen. Er wirkte erholt und gut gelaunt. Sein Outfit war leger, jedoch dem Anlass angemessen. Er trug eine beige Hose dazu ein lockeres Hemd und eine Strickjacke. Seine Haare fielen ihm leicht ins Gesicht und seine Augen strahlten.

Ich war fasziniert von seinem Anblick und Florence ging es ebenso. Auch sie konnte ihren Blick nicht von ihm abwenden. Wir konnten es beide nicht fassen, wie sehr sich Paul Becker in diesen wenigen Wochen verändert hatte. Florence sammelte sich als erste und schob den Besucherstuhl für Herrn Becker zurecht.

»Guten Morgen, Herr Becker, bitte setzen Sie sich. Kann ich Ihnen etwas zu trinken anbieten?«

Paul Becker setzte sich.

»Vielen Dank, ich nehme gerne einen Kaffee.«

Nun war es an mir, Herrn Becker zu begrüßen.

»Guten Morgen, Herr Becker. Es ist schön, Sie zu sehen. Wie geht es Ihnen?«

Ich räusperte mich kurz. Ich war tatsächlich froh, Paul Becker zu sehen und freute mich, dass es ihm heute offensichtlich viel besser ging als bei unserem letzten Treffen. Doch eine leichte Unsicherheit spürte ich noch immer.

»Vielen Dank, es geht mir gut. Es ist auch schön, Sie zu sehen. Obwohl Sie mir ja ehrlich gesagt keine große Wahl gelassen haben bei unserem Gespräch gestern.«

Paul Becker schmunzelte.

Da hatte er wohl Recht.

»Umso schöner, dass Sie es so kurzfristig einrichten konnten. Wie ist es Ihnen in den letzten Wochen ergangen? Ich hoffe, Sie haben nicht bereits ein anderes Jobangebot angenommen?«

Ich sah ihn erwartungsvoll an.

»Ich will ehrlich sein, Herr McMurphy. Ich weiß nicht weshalb, aber ich fühle mich bei Ihnen wohl. Sie sind mir sympathisch. Ich habe das Gefühl, Sie bereits länger zu kennen.« Er machte eine kurze Pause, bevor er weitersprach.

»Die letzten Wochen waren die schwersten meines Lebens. Ich denke, Sie können sich noch gut an unser letztes Treffen erinnern.«

Ich nickte stumm. Die Metapher mit den Gummistiefeln kam mir in den Sinn und ich musste grinsen. Herr Becker bemerkte meine Reaktion und grinste ebenfalls. Er wusste genau, weshalb ich lächeln musste. Meine Unsicherheit war verflogen.

»Wo stecken Ihre Gummistiefel denn jetzt, Herr Becker?«

Er lachte.

»Ich brauche Sie nicht mehr, Herr McMurphy.«

Ich lachte ebenfalls.

»Das ist schön zu hören.«

»Ich habe mich in dieser Zeit selbst nicht wiedererkannt. Mir ging es nicht gut, ich funktionierte nicht mehr. Ich verlor meinen Job und meine Stimmung war jeden Tag miserabel. Ich fühlte mich leer, fühlte eigentlich gar nichts mehr. Ich wusste anfangs nicht, was mit mir los war. Doch im Nachhinein war dies die lehrreichste Zeit meines Lebens. Auch, wenn ich dies damals noch nicht so sehen konnte. Allerdings kann ich Ihr Jobangebot nicht annehmen. Ich hatte Ihnen das gestern während unserem Telefonat bereits angedeutet.«

Er atmete hörbar aus und sah mich an.

»Das ist schade. Aber ich danke Ihnen dennoch sehr für Ihre Offenheit. Das bedeutet mir viel. Ich freue mich, dass es Ihnen besser geht. Darf ich Sie fragen, wie Sie das geschafft haben?«

»Ich bin ans Meer gefahren.«

Paul Becker strahlte mich an. Das Glänzen in seinen Augen war unbeschreiblich. Er strahlte Selbstsicherheit und Lebensfreude aus. Und da war noch etwas, das ich spürte. Ich konnte es noch nicht gleich benennen. Und plötzlich wusste ich es, es war Gelassenheit. Diese Art Gelassenheit und Ruhe, die man nur spüren konnte, wenn man selbst in sich ruhte und dieses wunderschöne Urvertrauen ins Leben und in das Universum hatte. Dieses Urvertrauen, das ich als Kind täglich spürte. Eine Gänsehaut überzog meinen ganzen Körper. Ich fühlte es genau in diesem Moment. Hier in meinem Büro über den Dächern von Berlin, zusammen mit Paul Becker.

Es war wunderschön, was hier gerade passierte. Endlich verstand ich: Ich zog Menschen an, die auf dem gleichen Weg waren, wie ich.

Paul Becker schien es ebenso zu spüren. Die Schwingung im Raum änderte sich, die Verbundenheit war spürbar. Wir waren uns sehr ähnlich. Genau in diesem Moment betrat Florence mit Paul Beckers Kaffee das Büro und stellte ihn lächelnd vor ihm ab. Auch sie spürte die angenehme Stimmung, wie mir ihre Körperhaltung verriet. Schmunzelnd verließ sie das Büro.

»Das Meer… Ich liebe es auch.«

Ich dachte in diesem Moment an unser geliebtes Haus am Meer. Wir waren schon lange nicht mehr dort gewesen, obwohl es nicht weit von Berlin entfernt war. Gerade einmal drei Stunden mit dem Auto trennten uns vom Meer.

»Ja, das Meer bringt immer wieder Ruhe in meine aufgewühlten Gedanken. Wissen Sie, ich bin ein leidenschaftlicher Surfer. Wenn mich die Wellen über den Ozean tragen, fühle ich mich so frei und leicht. Dann weiß ich, dass ich richtig bin. Aus diesem Grund werde ich nun mein Hobby zum Beruf machen und meine eigene

Surfschule eröffnen. Ich will anderen Menschen auch dieses Freiheitsgefühl schenken.«

Ich war begeistert von seiner Idee und lächelte ihn an:

»Das ist großartig. Ich freue mich sehr für Sie, Herr Becker. Dafür würde ich mein Jobangebot auch ablehnen.«

Auch er war auf dem Weg seinem Traum zu folgen. Genau wie die junge Frau in meinem Lieblingscafé und Raul. Das Universum schien mir diese Menschen in den letzten Wochen auf dem Silbertablett zu servieren.

»Vielen Dank. Aber wie geht es Ihnen eigentlich, Herr McMurphy? Ich kann mich erinnern, dass Sie mir bei unserem letzten Gespräch sagten, Sie seien nicht glücklich.«

Er sah mich mitfühlend an.

»Ja, da haben Sie Recht und diese Frage katapultierte mich zugegebenermaßen direkt in einen Totalausfall. Mir geht es seit längerem nicht so gut. Ich fühle mich oft so, als würde ich das falsche Leben führen. Als würde mein derzeitiges Leben nicht meiner wahren Natur entsprechen. Doch ich habe in letzter Zeit viel mit meiner wunderbaren Frau gesprochen und mich ihr endlich anvertraut. Ich weiß jetzt, dass ich einiges ändern muss. Ich bin auf dem Weg. Ich weiß nur noch nicht genau, wohin mich dieser führen wird.«

In seinen Augen sah ich tiefes Verständnis. Er verstand mich, weil es ihm genauso gegangen war. Es war jetzt alles gesagt, dass wussten wir in diesem Moment beide. Paul Becker erhob sich und verabschiedete sich mit einem Lächeln: »Machen Sie es gut, Herr McMurphy. Vielen Dank, dass Sie so ehrlich zu mir waren und diese Erkenntnis mit mir geteilt haben. Ich bin mir sicher, das Leben wird Sie auf den richtigen Weg führen.«

»Vielen Dank auch Ihnen, Herr Becker. Ich wünsche Ihnen viel Erfolg für Ihr Vorhaben.«

Er ließ mich allein mit meinen Gedanken in meinem Büro zurück. Ich rief Marie an und berichtete ihr von unserem Treffen. Sie glaubte ebenso wenig wie ich an Zufälle und bestätigte mein Gefühl: das Leben versuchte, mich mit aller Macht zu erreichen. Es versuchte, mich zurückzuholen. Wir beendeten unser Gespräch, denn ich hatte noch einige Termine.

Und da war es auch schon wieder, das bedrückende Gefühl in meiner Brust. Auch, der Druck in meinem Kopf, das Schwanken der Umgebung, das Kribbeln der Beine und die Angst waren wieder da. Ich verstand nun die Warnzeichen, doch ich wusste noch nicht, was ich tun sollte, um wieder auf den für mich bestimmten Weg zu kommen. Zumindest versuchte mein Ego, mir das weiszumachen. Doch wenn ich ehrlich zu mir selbst war, wusste ich ganz genau, was ich schon immer wollte. Mir hatte bisher nur der Mut gefehlt.

Ich schob meine Gedanken beiseite, denn ich musste mich beeilen. Heute Abend trafen sich die Kollegen zu einem Feierabendbier in einer Bar, nur wenige Schritte von unserem Bürogebäude entfernt. Die letzten Male hatte ich immer dankend abgelehnt, doch heute musste ich mich als Chef auch mal wieder blicken lassen. Marie wusste Bescheid, auch sie traf sich mit einer Freundin.

Draußen begann es bereits zu dämmern, die Nächte wurden wieder länger, die Tage kürzer. Der Ausblick von meinem Büro über das beleuchtete Berlin war atemberaubend. Ich packte meine Tasche zusammen und machte mich auf den Weg. Ein kurzer Gruß an Florence und schon war ich im Fahrstuhl verschwunden. Unten angekommen, zog ich meinen Mantel über und verließ das Bürogebäude in Richtung der Bar.

Diese Bar war gemütlich und stylisch zugleich. Dunkle Wände, unterschiedlichste Fotografien bekannter Persönlichkeiten, elegante Deckenleuchten und bequeme Sitzecken schufen eine stimmige Atmosphäre. Ich trat ein und sah mich um. Meine Augen brauchten einen Augenblick, um sich an das dunkle Ambiente zu gewöhnen. Doch da sah ich schon David winken. Er saß mit einigen anderen Kollegen in einer großen Sitzecke. Ich ging auf sie, grüßte in die Runde und nahm auf einem der niedrigen Hocker Platz. Die Gespräche drehten sich in dieser lockeren Atmosphäre auch um andere Themen als nur um die Arbeit. So wurden aus Kollegen oft auch Freunde. Ich mochte diese »Get Together«, diese Art Treffen, die von der Geschäftsführung sogar ausdrücklich gewünscht waren. Denn das waren immer gute Gelegenheiten, als Team zu wachsen. Man lernte die Kollegen von einer anderen Seite kennen.

Als es langsam spät wurde und die Runde sich nach und nach auflöste, ging ich zur Theke, um meine Getränke zu bezahlen.

Plötzlich spürte ich eine Hand auf meiner Schulter und drehte mich ruckartig um. Da stand er vor mir: Max, mein alter Schulfreund. Mein ehemals bester Freund. Mit den Jahren hatten wir uns aus den Augen verloren.

»Liam, mein Freund. Wie geht es dir, altes Haus? Wir haben uns ja ewig nicht gesehen!«

Wir fielen uns in die Arme. »Max, wie schön dich zu sehen!«

Wir sahen uns lange an und konnten es nicht fassen, dass wir uns so lange nicht gesehen hatten. Max war lange Zeit mein wichtigster Begleiter im Leben gewesen.

»Lass uns etwas zusammen trinken, Liam. Es gibt sicher viel zu erzählen.«

Und schon saßen wir nebeneinander an der Bar.

»Das gibt es auf jeden Fall. Sag mal, wie lange haben wir uns jetzt nicht mehr gesehen?«

Wir überlegten, es mussten ein paar Jahre gewesen sein. Es war uns nicht bewusst gewesen, doch irgendwann hatte uns das Leben in unterschiedliche Richtungen geführt. Jeder ging seinen eigenen Weg.

Früher hatten wir zusammen in einer Band gespielt. Wie sich jetzt herausstellte, hatte Max die Musik nie aufgegeben.

»Lebst du immer noch in Berlin, Liam? Was machen das Leben und die Liebe?«

Max beugte sich zu mir rüber und prostete mir mit einem Glas Bier zu.

»Ja, ich lebe immer noch hier. Du weißt doch, ich liebe diese Stadt. Ich bin im Management einer großen Personalfirma tätig und habe eine wunderschöne Frau, die ich vergöttere. Es ist mir nicht schlecht ergangen, die letzten Jahre. Und du? Hast du deine Pläne weiterverfolgt? Machst du noch Musik?«, fragte ich Max neugierig.

Ich war damals sehr stolz auf ihn gewesen, als er verkündete, dass er den Weg mit der Band weiterverfolgen wollte. Er war schon immer ein Kämpfer gewesen und hatte sich nie von außen beirren lassen.

»Das ist eine lange Geschichte, Liam. Es ist einiges passiert, seit wir uns das letzte Mal gesehen haben. Ich erzähle dir die Kurzfassung.«

»Ich habe Zeit, Max. Es ist so schön dich zu sehen.«

»Na gut, also mit der Band lief es zu Beginn sehr gut. Doch du kennst die Kollegen. Ihnen fehlte der Biss. Solange alles Friede, Freude, Eierkuchen war, lief es gut. Wir haben uns von Konzert zu Konzert kutschieren lassen. Abends wurde ausgelassen gefeiert. Die Fans waren super. Doch irgendwann wollte ich das so nicht mehr, ich wollte auch andere Musik machen. Ich wollte ankommen, irgendwo zuhause sein, andere Texte schreiben.«

Max schwelgte in Erinnerungen und sein Blick wurde wehmütig.

»Ich verstehe dich.«

Und das meinte ich ernst. Ich wusste genau, was er meinte. Es war schön, mit Max zu sprechen. Schon früher konnten wir uns stundenlang über alles unterhalten, was uns bewegte. Wir waren aus demselben Holz geschnitzt, wir waren beide Träumer.

Es war mehr als eine klassische Männerfreundschaft mit Max, er war für mich wie ein Bruder, den ich nie hatte. Und nun war er wieder in mein Leben getreten.

»Es kam, wie es kommen musste. Wir gingen getrennte Wege. Doch eine Solokarriere, das war nie mein Ding. Ich musste einen neuen Weg für mich finden. Liam, in dieser Zeit ging es mir schlecht, sehr schlecht. Mir wurde der komplette Boden unter den Füßen weggerissen. Mein Leben war nicht mehr wie vorher. Ich hatte im Grunde kein Leben mehr. Die Band war bis zu diesem Zeitpunkt mein Leben gewesen.«

Es fiel ihm sichtlich schwer, darüber zu sprechen. Er ließ die Schulter hängen und seine Hände zitterten. Ich hatte ihn noch nie so erlebt. Umso größeren Respekt hatte ich vor seiner Ehrlichkeit. Immerhin hatten wir uns seit Jahren nicht gesehen. Doch diese Vertrautheit war vom ersten Moment wieder da, das fühlten wir beide. Ich konnte ihn so gut verstehen. Doch ich musste nicht viel sagen, denn ich wusste, er spürte mein Mitgefühl auch ohne Worte.

»Doch irgendwann kam ich aus dieser Krise heraus, bahnte mir meinen eigenen Weg. Ein Leben ohne die Musik war für mich nicht vorstellbar. Also beschloss ich, mich selbstständig zu machen. Ich kannte die Branche. Es war für mich nicht schwer, Fuß zu fassen. Heute bin ich sehr erfolgreich im Musikmanagement. Ich habe eine eigene Agentur. Ich habe viel erlebt, habe viele großartige Menschen kennengelernt und dank meiner Arbeit viele wunderschöne Plätze auf dieser Erde gesehen. Aber das Business ist hart umkämpft, ich habe auch Rückschläge erlitten. Doch es lohnt sich. Ich liebe meinen Beruf.«

Jetzt lächelte Max wieder. Seine Augen leuchteten.

»Ich freue mich sehr für dich. Du lebst deinen Traum.«

Ich freute mich tatsächlich aus tiefstem Herzen für ihn.

Er klopfte mir auf die Schulter und sah mir in die Augen.

»Danke, mein Freund.«

Ich spürte seine Freude über meine Worte und ich spürte, dass er sehr ergriffen war. Denn er wusste genau, dass ich es aus tiefstem Herzen ehrlich mit ihm meinte. Wir schwiegen einen Moment, brauchten beide ein paar Sekunden, um uns zu sammeln.

»Was treibt dich nach Berlin?«, unterbrach ich die Stille.

»Ich lebe auch hier, Liam. Hier ist meine Agentur.«

Nun war ich sprachlos. Er lebte seit Jahren hier in Berlin. Und das Leben führte uns jetzt erst wieder zusammen. Das konnte nicht wahr sein. Selbstverständlich war Berlin groß, zu groß, um sich einfach mal so über den Weg zu laufen. Doch es war dennoch seltsam in der gleichen Stadt zu wohnen und nichts voneinander zu wissen.

»Ich wusste nicht, dass du in Berlin geblieben bist, und ich hatte keine Kontaktdaten mehr von dir. Dein Vater ist wohl auch umgezogen, denn bei deiner alten Adresse war ich einmal. Auf sämtlichen Social-Media-Kanälen bist du nicht zu finden. Ich habe dich gesucht, Liam. Ich hätte dich so dringend gebraucht damals.« Max senkte den Blick.

Ich hielt den Atem an. Es brauchte eine Weile, bis seine Worte und deren Bedeutung mein Bewusstsein erreichten. Tränen stiegen in meine Augen. Meine Gefühle fuhren Achterbahn. Ich legte meinen Arm um Max und lehnte meinen Kopf an seinen. So saßen wir in einer der edelsten Bars in Berlin und umarmten uns.

»Max, das tut mir unendlich leid. Hätte ich das geahnt, wäre ich für dich dagewesen. Ich hoffe, du weißt das.«

Es tat mir in der Seele weh, wenn ich an seine verzweifelte Situation dachte und daran, dass er damals meine Hilfe so dringend gebraucht hätte.

»Ja, das weiß ich, aus diesem Grund hatte ich dich gesucht.« Er seufzte tief und sah mich an. »Erzähl mir von dir. Spielt die Musik noch eine Rolle in deinem Leben? Was wurde aus deinen Träumen?«

»Diese Frage stelle ich mir selbst immer wieder, Max. Ich schreibe keine Lieder mehr, ich singe nicht mehr und ich spiele nicht mehr.«

»Das ist schade. Du bist so ein begabter Musiker. Schon damals konnte ich deine Pläne nicht nachvollziehen. Du bist doch geboren, um Musik zu machen. Geboren, um

Menschen mit deiner Musik zu berühren. Dieses Talent haben nicht viele.«

Mir fehlten die Worte. Das hatte er mir in dieser Deutlichkeit noch nie gesagt. Er hatte damals versucht, mich umzustimmen und mir auch zu verstehen gegeben, dass er meine Entscheidung nicht gut fand. Aber er hatte sie akzeptiert.

»Danke!«

Ich hatte das Gefühl, dass Max meine Dankbarkeit in diesem Moment deutlich spüren konnte. Sein mitfühlendes Nicken und seine Körperhaltung verrieten es mir.

Wir saßen noch lange in der Bar und redeten über alles Mögliche. Über unsere Vergangenheit, unsere Jugend, unsere gemeinsamen Erlebnisse, unsere Träume, meine Liebe zu Marie, über unser Leben. Es tat sehr gut, mit Max zu sprechen. Es war ein wunderbarer Abend. Ich wusste nicht mehr, wann ich das letzte Mal so ausgelassen und fröhlich gewesen war. Doch langsam war es an der Zeit, zu gehen.

»Max, alter Freund. Es war so schön dich zu treffen. Vielen Dank für den schönen Abend.«

Ich legte Max meine Hand auf die Schulter und erhob mich von meinem Barhocker.

»Das finde ich auch, Liam. Ich habe lange überlegt, ob ich dich das jetzt fragen soll. Doch es fühlt sich gerade richtig an. Ich bin auf der Suche nach einem Scout für junge Talente. Wir möchten die Agentur erweitern und du bist genau der Richtige dafür. Du hast die Empathie und das Feingefühl die richtigen Talente zu finden und zu positionieren. Es dreht sich dabei tatsächlich, um absolute Newcomer. Die meisten haben noch keine Erfahrung. Für diese Aufgabe braucht es jemand besonderen. Du könntest mein Teilhaber werden.«

Ich wusste nicht, was ich darauf erwidern sollte. *Meint er das jetzt ernst? Ich sollte meine erfolgreiche Karriere aufgeben und ins Musikbusiness einsteigen?*

»Vielen Dank, Max. Aber, das meinst du nicht ernst, oder? Ich kann doch nicht mein ganzes Leben über den Haufen werfen.«

»Doch, Liam, das kannst du. Und ja ich meine es vollkommen ernst. Du hast alle Zeit der Welt, in Ruhe darüber nachzudenken. Wir bleiben in Kontakt, mein Freund. So schnell verlieren wir uns nicht mehr aus den Augen.«

Er drückte mir seine Visitenkarte in die Hand, verließ die Bar und winkte mir zum Abschied zu.

Ich machte mich auf den Heimweg. Zuhause kuschelte ich mich eng an Marie. Doch an Schlaf war nicht zu denken. Max Worte fanden immer wieder den Weg in meine Gedanken.

Kann ich dieses Abenteuer wagen? Meinen sicheren Job kündigen? Und das alles für ein Leben in Unsicherheit?

Die nächsten Tage drehten sich meine Gedanken unaufhörlich um dieses Angebot von Max. Immer, wenn ich daran dachte, löste das ein wohliges Kribbeln in meinem ganzen Körper aus. Ich spürte eine freudige Anspannung.

Natürlich hatte ich Marie von meinem Treffen mit Max und auch von seinem Angebot erzählt. Sie war sofort begeistert von dieser Idee und zögerte keine Sekunde, mich zu ermuntern, diese Chance anzunehmen. Das Geld, dass ich investieren musste, war ihr gleich. Sie sah es als wunderbare Möglichkeit, meinem Leben endlich wieder die richtige Richtung zu geben, mich zurück auf meinen Weg zu bringen, auf den Weg zu meinen Träumen. Wer wusste schon, ob sich diese Chance noch einmal bieten würde?

Doch meine Zweifel waren groß und sie holten mich immer wieder ein. Ich zögerte, mein Mut schwand. Ich sprach in dieser Zeit oft mit Max. Über die Details, die Vertragsbedingungen und die Investitionssumme. Ich wollte genau wissen, worauf ich mich einließ.

An diesem Morgen war ich früher als sonst auf dem Weg ins Büro. So hatte ich wenigstens noch ein wenig Ruhe im Büro. Da die Zeit nicht drängte, war das eine gute Gelegenheit, mit dem Fahrrad zu fahren. Ich genoss meine morgendliche Tour durch Berlin, das erst langsam erwachte. Die aufgehende Sonne hüllte die Stadt in ein atemberaubendes Licht und tauchte den Himmel in ein prächtiges Farbenspiel. Morgenreif bedeckte die Gräser und ließ sie glitzern. Ich saugte dieses Schauspiel förmlich in mir auf und nahm einen tiefen Atemzug. Je näher ich dem Bürogebäude kam, desto unruhiger wurde ich. Es war ein seltsames Gefühl. Ich parkte mein Fahrrad in der Tiefgarage. Normalerweise nahm ich von dort den Fahrstuhl direkt zu meiner Etage. Doch heute zog es mich noch einmal hinaus auf die Straße, um ein letztes Mal die frische Morgenluft und dieses wunderschöne Farbenspiel am Himmel in mich aufzunehmen.

So stand ich also vor meinem riesigen Bürokomplex und nahm einen tiefen Atemzug, als ich leise Gitarrenklänge hörte. Im ersten Moment dachte ich, ich hätte mich verhört und blieb einfach stehen, ohne mich umzusehen. Doch die Klänge wurden lauter. Eine wunderschöne Stimme sang dazu. Ich drehte mich um und sah einen Mann mit einer Gitarre auf den Stufen vor unserem Büro sitzen. Als der Mann mich bemerkte, schaute er kurz auf und grüßte freundlich. »Guten Morgen, ich spiele mich gerade etwas ein.«

»Guten Morgen, Sie spielen wunderschön«, erwiderte ich anerkennend.

Der Mann trug eine lässige Jeans, der Reißverschluss seiner Jacke war ein Stück offen, so dass sein kariertes

Hemd darunter hervorlugte, lange Haare fielen ihm ins Gesicht. Er sah gepflegt aus.

»Vielen Dank!«

»Ich habe Sie noch nie hier gesehen.«

»Ja, ich bin das erste Mal hier. Ich dachte, die Menschen, die in diesen Gebäuden arbeiten, freuen sich vielleicht über eine kleine Auszeit vom Alltag. Ich hoffe, ich kann Sie für einen kurzen Moment in eine andere Welt entführen.«

Mich trafen seine Worte in diesem Moment wie ein Blitz.

»Danke, danke, danke!«, rief ich ihm zu. Und dann rannte ich.

Ich rannte um mein Leben. Ich rannte weg aus meinem
alten Leben, hin zu meinem neuen Leben. Ich rannte, bis
ich an einem großen, hellen Bürokomplex aus Glas angekommen war. Ich kannte dieses Gebäude, denn ich war in
den letzten Wochen schon ein paar Mal dort gewesen. Ich
war völlig außer Atem und rang nach Luft. Meine Ausdauer
war längst nicht mehr die beste. Meine Ausrede, mich vor
dem Laufen zu drücken, war stets die fehlende Zeit. Doch
insgeheim wusste ich, wenn man etwas wirklich wollte,
dann tat man es auch, egal, wie viel Zeit dafür nötig war.
Es war lediglich eine Frage der Priorität und der Selbst-
disziplin. Wir alle hatten dieselbe Anzahl an Stunden an
einem Tag zur Verfügung. Doch die wenigsten von uns
nutzten diese Zeit für sich und ihre Träume. Ich gehörte
oft genug auch zu diesen Menschen. Obwohl ich diesen
Zustand der unbegrenzten Energie so liebte, diesen Flow-
Zustand, den ich früher immer erreichte, wenn ich Musik
machte. War es beim Komponieren, beim Texte schreiben
oder beim Spielen selbst. Dann war ich im Einklang mit
dem Universum. Und genau diesen Flow erlebte ich genau
in diesem Augenblick, mein Körper war voller Energie
und meine Zellen tanzten vor Lebensfreude. Ich war wie
elektrisiert und dies war das sichere Zeichen dafür, dass ich
auf dem richtigen Weg war.

Mein Atem hatte sich mittlerweile wieder beruhigt. Ich
sah an dem riesigen Gebäude hinauf, ging auf die großen

Flügeltüren zu und betrat den Eingangsbereich. Es war nicht mehr so früh am Morgen, denn mein Weg hatte etwas Zeit in Anspruch genommen.

Die Empfangsdame begrüßte mich freundlich.

»Guten Morgen, kann ich Ihnen helfen?«

Ich schüttelte den Kopf. »Vielen Dank, ich kenne den Weg.«

Ich war viel zu aufgewühlt, um im Fahrstuhl nach oben zu fahren, also nahm ich die Treppen. Mein Tempo überraschte mich selbst, denn es waren einige Stufen, die ich zurücklegen musste. Endlich hatte ich die richtige Etage erreicht, ich öffnete die Tür mit Schwung und stieß direkt mit Max zusammen.

Er war völlig überrumpelt. »Liam, was machst du denn so früh hier?«

»Ich bin dabei, ich mach es, Max!«, rief ich und wir fielen uns in die Arme. Es fühlte sich mehr als richtig an.

Jetzt gab es viel zu tun. Wir nutzten die Zeit sofort, um alle notwendigen Verträge zu unterschreiben und die Formalitäten zu klären. Ich würde mein eigenes Büro direkt neben Max bekommen. Das Tonstudio, mit dem wir zusammenarbeiteten, befand sich im selben Gebäude. Max hatte die Agentur strategisch perfekt positioniert. Die Aufgabe der Agentur war nicht nur die Künstlervermittlung, sondern sie übernahm auch die Musikproduktion, die Betreuung und das Management der Künstler. Max war somit nicht nur Ansprechpartner externer Kunden wie Produktionsfirmen, Werbeagenturen, Theater oder Veranstalter von Musikfestivals, sondern auch der Künstler selbst. Diese standen hier im Mittelpunkt und bekamen eine Rundum-Betreuung. Es gab viel zu tun, denn die Agentur hatte einen guten Ruf und agierte weltweit. Max hatte etwas wirklich Großes geschaffen und ich war stolz, bald ein Teil davon zu sein. Max lag es schon immer am Herzen, junge Talente zu fördern, doch dieser Bereich brauchte enorm viel Aufmerksamkeit, Zeit und Feingefühl. Für jeden neuen Künstler musste ein eigenes Marketingkonzept erarbeitet, eine Marke geschaffen werden. Das war eine Mammutaufgabe und nicht jede Agentur konnte dies in großem Umfang leisten. Es war enorm viel Aufwand, barg aber oft auch eine große Chance, neue Talente zu entdecken. Die Musikbranche hatte sich verändert und nun war es umso wichtiger, den Fokus auf die jungen Talente zu legen. Das wusste Max. Aus diesem Grund wollte er mich als Teilhaber, der diese neue Sparte der Agentur für junge Künstler verantwortete. Es war ein Risiko, dessen war ich mir bewusst. Zumal ich auch einen großen Teil unserer Ersparnisse in die Agentur investierte. Aber ich nahm diese Herausforderung von Herzen gerne an.

Ich verabschiedete mich glücklich von Max, um Marie zu Hause mit meiner Entscheidung zu überraschen.

Auf dem Weg hielt ich bei unserem Lieblings-Feinkostladen an und besorgte Oliven, frische Garnelen, Kartoffeln in Knoblauch-Mayonnaise, eingelegte Champions und Auberginen, dazu frisches Weißbrot und Aioli Dip. Die Auswahl war riesig und mir fiel es schwer mich zwischen all den leckeren Tapas zu entscheiden. Den Weißwein suchte ich in der italienischen Vinothek nur eine Straße weiter aus. Dieses Geschäft versprühte pures Urlaubsfeeling. Die Steinwände erinnerten an ein altes Weingut in Italien. Die Beleuchtung setzte alle Weine in ein wunderbares Licht, mächtige Olivenbäume säumten den Sitzbereich. Dieser war mit alten Weinfässern, die als Tische dienten und eleganten Barhockern ausgestattet und lud zum Verweilen ein. Dieser Ort entführte mich immer wieder aufs Neue in eine andere Welt. Hier konnte ich mich Stunden aufhalten.

Doch heute musste ich mich beeilen, denn der heutige Abend sollte etwas Besonderes werden. Schließlich feierten wir einen Neubeginn. Ich hielt noch kurz bei einem der Blumenhändler und kaufte einen Bund Lilien. Denn Marie liebte diese Blumen ebenso sehr, wie meine Mutter es getan hatte. Doch nun drängte die Zeit tatsächlich, denn es gab noch einiges vorzubereiten. Ich wollte unbedingt vor Marie zuhause sein, um sie zu überraschen.

Ich hörte den Schlüssel in der Tür und mein Herz hüpfte vor Aufregung. Marie betrat unsere Wohnung, blieb überrascht stehen und sah sich um. Ihr Lächeln, als Sie mich mit zwei Weingläsern in der Hand an unserem Esstisch stehen sah, war bezaubernd. Ich hatte den Tisch mit schönem Geschirr und den Tapas gedeckt, mit Blumen verziert und Kerzen aufgestellt. Im Hintergrund lief Musik. Sie zog ihre Jacke aus und kam zu mir. Ich reichte ihr ein Weinglas und küsste sie zärtlich.

»Hallo mein Schatz, es gibt etwas zu feiern. Auf unser neues Leben.«

Unsere Gläser stießen klirrend aneinander.

»Herzlichen Glückwunsch Liam, ich bin stolz auf dich.«

In ihrem Blick lag unendlich viel Liebe. Sie wusste selbstverständlich sofort, um was es ging. Ich drückte sie fest an mich.

Dann rückte ich galant einen Stuhl nach hinten und deutete ihr an, sich zu setzen.

Ein breites Grinsen breitete sich über ihrem Gesicht aus. »Danke, der Herr«, kicherte sie.

Ich setzte mich ihr gegenüber und wir ließen erneut die Gläser klirren. Glücklich ließen wir uns die Tapas schmecken und verbrachten einen entspannten Abend im Kerzenschein.

Es war ein schönes Gefühl, mit Marie über alles sprechen zu können. Sie war meine Frau und meine beste Freundin zugleich. Sie war mein bisher größtes Glück im Leben. Ich war sehr dankbar, dass sie mich bei meiner neuen Aufgabe unterstützte und mir den Rücken stärkte. Ich war mir nicht sicher, ob ich es ohne ihren Zuspruch gewagt hätte.

Als wir später glücklich im Bett lagen, gingen mir viele Gedanken durch den Kopf. Plötzlich fiel mir das Büro ein. Ich hatte in all dem Trubel vergessen, Florence und meinen Chef über meine Abwesenheit zu informieren. Ruckartig schlug ich die Decke zur Seite, stieg aus dem Bett und wühlte in meiner Arbeitstasche nach meinem Geschäftshandy. Endlich hielt ich es in den Händen. Auf dem Display wurden mir mehrere Nachrichten und verpasste Anrufe angezeigt.

Verdammt! Ich tippte eine kurze Nachricht an Florence:

»Florence, es tut mir leid. Es geht mir gut. Ich melde mich morgen bei dir. Liam.«

Es war schon spät, aber sie machte sich sicher Sorgen. So konnte sie wenigstens beruhigt schlafen.

Erleichtert tapste ich wieder zurück ins Bett. Marie hatte nichts mitbekommen. Sie schlief tief und fest. Ich kuschelte mich an sie und fiel bereits einige Sekunden später in einen tiefen, ruhigen Schlaf.

Der Wecker klingelte am nächsten Morgen viel zu früh. Marie musste heute früher in der Schule sein. Sie hatte Projektwoche mir ihrer 1. Klasse und wollte alles besonders gut für die Kleinen vorbereiten. Schließlich erlebten sie dies zum ersten Mal. Ich hatte ebenfalls einen anstrengenden Tag vor mir, meine Kündigung stand bevor.

Bereits der Gedanke daran ließ meinen Magen rebellieren. Das hatte ich noch nie getan. Ich konnte nicht behaupten, dass dies leicht für mich war. Schließlich war ich bereits mehrere Jahre bei dieser Firma und hatte ihr viele berufliche Erfolge zu verdanken. Lange Zeit war diese Tätigkeit mein Lebensmittelpunkt gewesen. Doch jetzt war der Moment gekommen, diesen Lebensabschnitt hinter mir zu lassen und in mein neues Leben zu starten. In ein Leben, das mehr zu mir und meinen eigentlichen Zielen und Träumen passte.

Entschlossen packte ich meine Arbeitstasche, in der sich das Kündigungsschreiben befand. Ich hatte es gleich nach dem Aufstehen getippt. Wir verließen gemeinsam die Wohnung. Unten angekommen, verabschiedeten wir uns mit einer langen Umarmung. Marie wusste, wie schwer mir dieser letzte Gang ins Büro fiel. Schon jetzt war ich mir sicher, dass dies tatsächlich mein letzter Tag im Büro sein würde, da man bei einer Kündigung in unserer Branche augenblicklich freigestellt wurde.

Ich fuhr mit dem Auto, denn ich musste heute meine persönlichen Dinge mit nach Hause nehmen.

Kurze Zeit später war es so weit. Ich fuhr mit dem Fahrstuhl nach oben und betrat den Vorraum meines Büros. Meine Assistentin war bereits an ihrem Platz.

»Guten Morgen, Florence!« Ich lächelte sie an.

»Herr McMurphy, Gott sei Dank. Guten Morgen!«

Die Erleichterung war ihr deutlich anzumerken.

»Wie geht es Ihnen? Ist Ihnen etwas zugestoßen? Wo waren Sie denn gestern?«, platzte es aus ihr heraus.

Sie merkte im gleichen Moment, dass diese Fragen vielleicht doch etwas zu privat waren.

»Es tut mir leid, Herr McMurphy. Sie müssen mir den Grund ihres Fehlens selbstverständlich nicht mitteilen«, stammelte sie verlegen und senkte ihren Kopf.

»Das ist schon in Ordnung, Florence. Natürlich berichte ich Ihnen, weshalb ich gestern nicht erschienen bin. Kommen Sie doch mit in mein Büro.«

Ich lächelte sie aufmunternd an. Florence folgte mir, setzte sich in den Besucherstuhl vor meinem Schreibtisch und sah mich aufmerksam an.

»Florence, es tut mir leid, aber ich muss Sie verlassen. Ich werde gleich nach unserem Gespräch nach oben gehen und kündigen.«

Ihre Miene versteinerte sich. Sie sah mich erschrocken an. »Herr McMurphy, das kann doch nicht wahr sein! Sie verlassen die Firma?«

Florence war sichtlich geschockt über meine Entscheidung.

»Ja, es ist Zeit für mich, zu gehen. Es fühlt sich bereits seit längerer Zeit nicht mehr richtig an, hier zu sein«, versuchte ich ihr meine Entscheidung zu erklären.

»Ich verstehe Sie, Herr McMurphy«, erwiderte sie. »Ich habe gespürt, dass Sie nicht mehr glücklich waren. Aber es macht mich auch traurig. Denn Sie waren ein wunderbarer Chef, bei dem ich viel gelernt habe. Insbesondere über das Leben.«

Ihre Worte berührten mich. Florence war mir ebenfalls ans Herz gewachsen. Gerade in den letzten Wochen hatten wir einiges zusammen erlebt.

»Darf ich fragen, was Sie nun vorhaben?«

»Selbstverständlich. Ich werde meinem Traum folgen und werde Teilhaber einer Musikmanagement-Agentur.«

Ich hatte diese Worte das erste Mal ausgesprochen und es fühlte sich gut an. Ich war stolz.

»Das freut mich sehr für Sie. Es war höchste Zeit Ihren Träumen zu folgen.«

Sie zwinkerte mir zu und ich sah ein Blitzen in ihren Augen. Florence kannte mich wohl besser, als ich dachte. Sie besaß ebenfalls die Fähigkeit, Menschen zu lesen, das hatte ich schon früh festgestellt. Wahrscheinlich war ihr deshalb längst bewusst gewesen, dass es eines Tages so kommen würde.

»Sie werden sicher wieder einen netten Chef bekommen«, versuchte ich sie zu trösten.

»Das werden wir sehen. Einen Chef wie Sie es waren, gibt es kein zweites Mal.«

Wir saßen uns beide still gegenüber.

»Wer weiß, wohin mein Weg mich noch führt«, unterbrach Florence die Stille und erhob sich, »Ich drücke Ihnen die Daumen für Ihr Kündigungsgespräch. Soll ich Ihnen bereits Ihre Sachen in einen Karton packen? Oder möchten Sie dies selbst übernehmen?«

Ihr Blick ruhte sanft auf mir.

»Das ist lieb von Ihnen. Sie können gerne meine Sachen packen. Nur meinen Schreibtisch übernehme ich selbst, wenn ich zurück bin. Danke, Florence. Vielen Dank für alles. Sie sind wunderbar und ich wünsche Ihnen alles Glück der Welt.«

Ich konnte nicht anders, als sie zu umarmen.

Sie war überrascht, schien sich aber sehr über diese Geste zu freuen. Wir mochten uns und hatten die letzten Jahre viel Zeit miteinander verbracht.

»Das kann ich nur zurückgeben. Vielen Dank für alles, Herr McMurphy!«

Doch nun war es Zeit für meinen nächsten Schritt. Ich musste in den obersten Stock unseres Bürogebäudes, in die Chefetage. Die Büros in diesem Stockwerk waren groß und luxuriös. Im Empfangsbereich standen zwei große elegante Sofas. Auf dem Tisch dazwischen standen Gläser und Getränke für Besucher bereit. Der Empfangstresen war mit wunderschönen Blumen in einer großen Vase geschmückt, im Hintergrund lief leise Klaviermusik. Hier fühlte man sich sofort wohl.

»Guten Tag, Herr McMurphy«, begrüßte mich Frau Heidenreich, die freundliche Assistentin meines Vorgesetzten, Herrn Graf. Sie war überrascht, mich zu sehen und suchte in ihrem Kalender nach einem Termin.

»Ich finde in meinem Kalender keinen Termin mit Ihnen. Wie kann ich Ihnen helfen?« Sie sah mich fragend an.

»Bitte entschuldigen Sie, Frau Heidenreich. Es ist richtig, ich habe keinen Termin. Ich müsste dennoch dringend mit Herrn Graf sprechen. Wäre das möglich?«

Ich sah sie lächelnd an.

»Ich werde sehen, was ich für Sie tun kann. Warten Sie bitte einen Moment«, erwiderte sie ebenfalls lächelnd und schon war sie verschwunden.

Ich setzte mich auf eines der gemütlichen Sofas. Meine Anspannung war kaum mehr zu verbergen. Meine Finger waren fest ineinander verschränkt, mein Fuß wippte nervös auf und ab und meine Lippen presste ich aufeinander.

»Herr McMurphy, Sie haben Glück. Herr Graf hat eine Lücke. Sie können gerne zu ihm gehen. Bitte kommen Sie.«

Ich erhob mich und folgte ihr. Sie öffnete mir die Tür zu Herrn Grafs Büro. »Herr Graf, hier ist Herr McMurphy für Sie.«

»Vielen Dank, Frau Heidenreich.«

Ich betrat das luxuriös ausgestattete Büro und wie immer überwältigte mich die einzigartige Aussicht über Berlin, hier, vom obersten Stockwerk aus.

»Guten Morgen, Herr Graf. Schön, Sie zu sehen. Vielen Dank, dass Sie so spontan Zeit für mich haben.«

»Guten Morgen, Herr McMurphy. Selbstverständlich, ich bin gespannt, was Sie zu mir führt«, lächelte er.

Ich mochte meinen Chef, wir hatten immer ein gutes Verhältnis gehabt. Er war einer der Teilhaber, der das Herz am rechten Fleck hatte. Ich hatte mich bereits ein manches Mal dabei ertappt, dass ich mich fragte, ob dieses Unternehmen der richtige Ort für ihn war.

»Es tut mir leid, Herr Graf. Ich will direkt auf den Punkt kommen. Ich muss Sie leider verlassen.« Ohne Umschweife reichte ich ihm meine Kündigung.

Es war ausgesprochen und meine Erleichterung war groß. Mein Gegenüber jedoch rang um Fassung.

»Herr McMurphy, jetzt haben Sie mich aber überrumpelt. Sind Sie sicher, dass Sie uns verlassen wollen? Sie sind einer unserer besten Männer. Sie leisten seit Jahren fantastische Arbeit. Ich schätze Sie sehr. Das wissen Sie.«

Ich spürte seine Anspannung. Doch es änderte nichts an meiner Entscheidung.

»Ich bin mir sicher, Herr Graf. Vielen Dank, ich weiß Ihre Anerkennung sehr zu schätzen...«, ich sah in nun direkt an, »...doch meine Reise hier ist leider zu Ende. Aber ich verlasse dieses Unternehmen auch schweren Herzens, denn ich habe lange Zeit gerne hier gearbeitet. Und bin Ihnen sehr dankbar für all die Möglichkeiten, die Sie mir gegeben haben. Doch nun ist die Zeit für die Verwirklichung meiner wahren Träume gekommen.«

Ich wollte offen zu ihm sein und ihm meine Pläne mitteilen. Er bemerkte die Entschlossenheit in meiner Stimme.

»In Ordnung, Herr McMurphy. Ich muss Ihre Entscheidung respektieren. Dennoch bedauere ich diese sehr. Was haben Sie jetzt vor?«

»Ich werde mich selbstständig machen. Ich habe ein unschlagbares Angebot von einem alten Freund bekommen. Ich werde Teilhaber in einer Musikmanagement Agentur. Sie müssen wissen, die Musik war früher einmal mein Leben. Dahin muss ich wieder zurück«, sprudelte es aus mir heraus.

»Das freut mich für Sie, Herr McMurphy. Ich wünsche Ihnen gutes Gelingen und alles Gute für Ihre Zukunft. Ich hoffe, dass Sie ihr Glück finden.«

Seine Reaktion überraschte mich. Er schien mich zu verstehen.

»Sie wissen, wie es läuft, Herr McMurphy. Sie werden ab sofort freigestellt. Bitte nehmen Sie Ihre Sachen heute auch gleich mit. Frau Heidenreich wird die Formalitäten mit Ihnen klären. Wie ich Ihrer Kündigung entnehme, sind Sie an einem Aufhebungsvertrag interessiert, so dass Sie Ihre neue Tätigkeit so schnell wie möglich aufnehmen können. Das ist für mich in Ordnung.«

Er erhob sich und deutete eine leichte Verbeugung an.

»Es war mir eine Ehre, Herr McMurphy. Sie gehören zu den Guten.« Seine Augen glänzten.

»Vielen Dank, das kann ich nur zurückgeben.«

Ich verließ das Büro, um alles Restliche mit Frau Heidenreich zu klären. Ich war erleichtert, dass Herr Graf mit einem sofortigen Aufhebungsvertrag einverstanden war und er meine Entscheidung so gut aufgenommen hatte. Es hätte gut sein können, dass ich mit der Aufnahme meiner Selbstständigkeit noch bis zum Ablauf der Kündigungsfrist hätte warten müssen.

Auf dem Weg nach unten kribbelte mein ganzer Körper. Ich ließ mein altes Leben tatsächlich von jetzt auf gleich hinter mir. In meinem Büro packte ich alle Dinge, die mir noch wichtig waren, aus meinem Schreibtisch in einen Karton. Ich ließ mir Zeit. Dann ging ich noch einmal durch mein Stockwerk und verabschiedete mich persönlich von jedem einzelnen meiner Kollegen. Die Nachricht hatte sich bereits herumgesprochen. Es fiel mir schwer, mich zu verabschieden, denn viele Kollegen waren mir ans Herz gewachsen. Doch die Freude überwog.

Gemeinsam gingen Florence und ich dann nach unten. Sie half mir beim Tragen der Kartons und blieb auch bei meinem letzten Gang durch das Büro an meiner Seite. Das bedeutete mir viel. Wir räumten die Kartons in meinen Kofferraum, dann verabschiedeten wir uns. Ich stieg in den Wagen und winkte Florence ein letztes Mal zu. Sie sah mir nach, bis ich sie aus dem Blickfeld verlor.

9

Nun war ich kein erfolgreicher Manager im Personal-
wesen mehr, ich war selbstständig. Diese Unsicherheit
fühlte sich jedoch gut an. Ich war stolz, fühlte mich stark
und mutig. Das erste Mal in meinem Leben folgte ich
meinen Zielen und beugte mich nicht mehr den Normen
der Gesellschaft. Mein Weg führte mich zuerst nach
Hause, um meine beiden Kartons aus dem Büro auszu-
räumen. Die Wohnung war still, als ich eintrat. Ich mochte
es, allein zu sein und genoss die Zeit mit mir selbst und
meinen Gedanken. Lange Zeit war mir das kaum mehr
möglich gewesen, da ich mich stets getrieben fühlte. Es
musste immer weitergehen, durfte keinen Stillstand geben
und wenn doch, war ich mit meinem Kopfkino völlig
überfordert. Doch die letzten Monate hatten mich ruhiger
werden lassen, hatten mich mehr zu mir selbst geführt.
Vor allem die Begegnungen mit einigen Menschen hatten
mir diesen neuen, vielleicht auch richtigen Weg gewiesen.
Ich staunte, wie sich plötzlich alles wie von selbst fügte.

Beim Ausräumen der Kartons fiel mein Blick auf ein
Bild, welches Marie und mich lachend am Strand von
Praslin zeigte. Es war an unserem Hochzeitstag aufgenommen worden. Ich erinnerte mich gerne an diesen
wunderschönen Tag, mein Herz hüpfte und ich musste
unwillkürlich lächeln.

Wir hatten uns in unserer Wohnung ein kleines Arbeits-
zimmer eingerichtet, das vor allem Marie nutzte, um ihren

Unterricht vorzubereiten und die Aufgaben ihrer Schüler zu kontrollieren. Ich arbeitete eher selten zuhause, doch am Abend oder an den Wochenenden benötigte auch ich einen Arbeitsplatz. Ich packte den Inhalt der Kartons in meinen Büroschrank. Einige für mich nicht wichtige Dinge ließ ich in einem der Kartons, stellte diesen an die Wohnungstür und nahm mir vor, ihn später in unseren kleinen Kellerraum zu bringen.

Dann schlenderte ich zur Kaffeemaschine, um mir einen Cappuccino zuzubereiten. Bisher dachte ich immer, Kaffee wäre für mich ein Genuss, doch ich missbrauchte diesen Genuss viel zu häufig, um mich fit zu halten. Diese Erkenntnis formte sich genau in diesem Moment vor meinem inneren Auge. Der Cappuccino schmeckte mir plötzlich nicht mehr so gut. Ich spülte die Tasse mit Wasser aus und stellte sie in unsere Spülmaschine.

Ich war mir unsicher, wie ich meinen Tag weiter gestalten sollte. Sollte ich direkt zu Max in die Agentur fahren, um mein Büro einzurichten?

Max wusste, dass ich heute im Büro sein würde, um zu kündigen. Er rechnete nicht mit mir. Normalerweise war Stillstand nichts für mich. Doch heute entschied ich mich dafür, den Tag ganz für mich zu nutzen. Ich beschloss, meine Mutter zu besuchen, denn ich war lange nicht mehr an ihrem Grab gewesen. Aber ich dachte oft an sie. Doch manchmal, wenn ich ihr Grab besuchte, fühlte ich mich ihr wieder etwas näher. Ich sprach auch ohne diese Besuche in Gedanken mit ihr, trotzdem war es für mich tröstlich, sie an ihrem Grab zu besuchen. Ich hatte das Bedürfnis, ihr von meinem Neuanfang zu berichten und war mir sicher, dass sie stolz auf mich gewesen wäre.

Ich zog meine Jacke über und verließ die Wohnung. Als ich hinaus auf die Straße trat, blies der Wind rau. Ich musste einigen Arbeitern ausweichen, die mit Hubfahrzeugen die Weihnachtsbeleuchtung an den Laternenmasten anbrachten. Ich schmunzelte. Es war also wieder so weit, die Weihnachtszeit war gekommen. Ich freute mich auf das Fest. Meine Gedanken wanderten zur geplanten Weihnachtsfeier meiner ehemaligen Firma. Meine Mitarbeiter hatten es verdient, das Event in dieser wunderschönen Location zu feiern und sie würden bestimmt viel Spaß haben.

Der Weg zum Friedhof führte mich durch die Stadt und ich beschloss, meiner Mutter einen Strauß Lilien mitzubringen.

Am Friedhof angekommen, atmete ich noch einmal tief durch. Ich ging durch das mir über die Jahre so vertraut gewordene schmiedeeiserne Tor und passierte einige wunderschön gepflegte Gräber. Sie waren geschmückt mit Bildern, Figuren und Blumen. Man konnte förmlich die Liebe spüren, die diese Menschen mit Ihren Verstorbenen verband. Dieser Ort war für mich ein Ort der Trauer, aber auch der Liebe. Es war ein Ort des Festhaltens und auch des Loslassens. Es war ein Ort der Gegensätze. Ein Ort, wie das Leben selbst. Es gab für alles seine Zeit. Eine Zeit zum Geben und eine Zeit zum Nehmen, eine Zeit zum Fortgehen und eine Zeit zum Bleiben, eine Zeit zum Zögern und eine Zeit zum Handeln, eine Zeit zum Eilen und eine Zeit zum Ruhen, eine Zeit zum Glauben und eine Zeit zum Wissen. Ich hätte ewig weiterphilosophieren können, doch nun war ich an meinem Ziel angekommen.

Ich stand still vor ihrem Grab. Es war wunderschön, wie sie selbst es gewesen war. Es lagen bereits frische Lilien neben dem Engel. Mein Vater musste dagewesen sein. Ich spürte einen kleinen Stich in meinem Herzen, denn wir sahen uns nur selten. Er liebte mich, dessen war ich mir sicher. Jedoch war seine Art, dies zu zeigen, für mich schwierig zu verstehen. Ich hatte es jedoch über die Jahre akzeptiert.

Ich hatte seit längerem nicht mehr mit ihm gesprochen, hoffte aber, dass es ihm gut ging. Wahrscheinlich hatte ich noch nicht ganz meinen Frieden mit ihm gefunden, hatte die Geister meiner Vergangenheit noch nicht besiegt, obwohl ich dies immer geglaubt hatte. Mir wurde in diesem Moment bewusst, dass ich sie wohl eher vergraben hatte.

Ich kniete mich vor ihr Grab, um die Blumen abzulegen und flüsterte ein leises »Hallo, Mama« zur Begrüßung.

Ich schaute mich um, es war niemand in der Nähe. Ich konnte ganz unbefangen mit ihr sprechen und erzählte ihr alles, was in den letzten Wochen in meinem Leben passiert war. Es war ein schönes Gefühl, ihr alles zu berichten. Ich lächelte beim Erzählen immer wieder. Ich spürte ihre Anwesenheit. Doch ich war auch davon überzeugt, dass dies nicht nur an diesem Ort der Fall war. Sie war immer da. Ich spürte sie nur nicht immer so deutlich. Gedankenversunken saß ich noch eine Weile an ihrem Grab. Doch irgendwann begann ich zu frieren. Es war Zeit, zu gehen. Ich verabschiedete mich und machte mich auf den Heimweg.

Marie begrüßte mich bereits aufgeregt, als ich die Tür öffnete. »Hallo, wie war es im Büro mein Schatz?«

Sie fiel mir in die Arme und schien genau zu spüren, welche Herausforderung dieser Tag für mich gewesen war.

»Es war gut, mein Engel.«

Ich erwiderte ihre Umarmung. Wir setzten uns und ich erzählte ihr alles, bis aufs letzte Detail. Ich berichtete ihr von meinen Gesprächen mit Florence und meinem Chef, vom Packen der Kartons, vom Abschied von den Kollegen, vom Besuch bei meiner Mutter. Marie hörte aufmerksam zu und ließ mich reden. Dieser Tag war der Tag des Abschieds gewesen, mit allen Gefühlen, die dazugehörten. Ab morgen startete ich in eine neue Phase meines Lebens. Ich konnte es kaum erwarten. Nach unserem Gespräch bereitete ich alles für den nächsten Tag vor und packte eine Kiste mit allem Nötigen für mein neues Büro.

Am nächsten Morgen machte ich mich auf den Weg in die Agentur. Ich verspürte ein wohliges Kribbeln im Bauch. Am Empfang begrüßte mich wieder die freundliche Empfangsdame. Dieses Mal erkannte sie mich und ich stellte mich ihr direkt vor. Im Fahrstuhl auf dem Weg nach oben breitete sich die Aufregung in meinem Körper aus. Mein erster Weg führte mich ins Büro von Max.

»Liam, mein Freund. Schön, dass du da bist!«, empfing mich Max freudestrahlend.

Ich fühlte mich sofort willkommen. »Guten Morgen, Max. Ich freue mich hier zu sein.«

»Komm, leg deine Sachen ab. Dann machen wir erstmal einen kleinen Rundgang durch die Agentur. Ich will dich allen vorstellen.«

Ich brachte meine Kiste in mein neues Büro und hängte meinen Mantel an die kleine Garderobe.

Die Räumlichkeiten der Agentur waren ganz anders aufgebaut als dies in meinem alten Büro der Fall gewesen war. Hier war alles offen gestaltet. Man fühlte sich nicht wie an einem Arbeitsplatz, sondern eher wie zu Hause. Es gab gemütliche Sofaecken, einen offenen Essbereich mit Küche, kleine abgetrennte Arbeitsbereiche, in die man sich zurückziehen konnte, aber auch gläserne Räume für Meetings, zu denen man die Tür schließen konnte. Überall standen üppige Zimmerpflanzen. Die Wände waren in hellen Tönen gehalten und die Möbel waren sehr modern mit viel Holz. Die Atmosphäre lud zum Verweilen ein. Jeder Mitarbeiter hatte zwar einen eigenen Arbeitsbereich, doch allen war es freigestellt, einen der abtrennbaren Arbeitsbereiche mit Tür zu nutzen.

In der Agentur waren meist Künstler anwesend. Deshalb war es umso wichtiger, ein Ambiente zu schaffen, in dem man sich wohl fühlte.

Max führte mich durch die Räumlichkeiten und stellte mich als neuen Teilhaber der Firma vor. Es gab sogar einen kleinen Empfang zu meinen Ehren, bei dem ich mich kurz vorstellte. Ich wurde sehr herzlich empfangen und fühlte mich sofort wohl. Es war deutlich zu spüren, dass alle große Hoffnungen in diese neue Agentursparte und somit auch in mich setzten.

Diese Tatsache machte mich etwas nervös. Es wurde einiges von mir erwartet. Doch gleichzeitig wusste ich, dass ich es schaffen würde. Ich glaubte an mich.

Nach unserem Rundgang richtete ich mich in meinem Büro ein. Nachmittags setzten sich Max und ich in einen der gläsernen Meetingräume. Er stellte mir die Arbeitsweise der Agentur vor und klärte mich über alle wichtigen

Zusammenhänge auf. Es war interessant und es machte mir großen Spaß, in diese neue Welt einzutauchen.

Max erklärte mir, dass meine Hauptaufgabe zu Beginn im Akquirieren der neuen Talente bestand. Eine umfangreiche Datei an Bewerbern war bereits vorhanden. Ich kannte mich im Musikbusiness bisher kaum aus, daher musste ich mich zunächst einarbeiten.

Die folgenden Wochen arbeitete ich ununterbrochen und zu jeder Tageszeit. Ich recherchierte, telefonierte und koordinierte. Es machte mir großen Spaß, mit den jungen Leuten zu arbeiten. Ich entwickelte schnell ein Gespür dafür, wer es weit bringen konnte, weil er die Menschen mit seiner Musik berührte. Ich entwickelte Künstlermarken. Für jeden neuen Künstler musste ein eigenes Konzept aus dem Boden gestampft werden. Das gesamte Marketing, die dazugehörigen Strategien, die Studioaufnahmen, die Shootings und die Videoaufnahmen mussten koordiniert werden. Max stellte mir ein kleines Team zur Verfügung. So konnten wir uns die Aufgaben gut aufteilen.

Marie sah ich kaum noch, meist schlief sie schon, wenn ich spät abends von der Arbeit nach Hause kam. Zu Beginn war alles neu und ich stürzte mich in das neue Abenteuer. Sie freute sich für mich. Doch auch nach ein paar Wochen veränderte sich dieser Zustand kaum. Das Pensum wurde nicht weniger und ich befürchtete, dass Marie bald kein Verständnis mehr haben würde und wir uns im schlimmsten Fall wieder voneinander entfernten.

Es lief gut in der Agentur. Mein Team und ich hatten bald einige vielversprechende junge Talente unter Vertrag. Wir schafften es, sie auf große Bühnen zu bringen und bekannt zu machen. Unsere Kunden waren begeistert und buchten sie immer häufiger. Ich war glücklich über den Erfolg und freute mich sehr für die jungen Künstler. Doch es belastete mich zunehmend, dass ich kaum noch Zeit für Marie hatte.

An diesem Tag beschloss ich, Marie am Abend zu überraschen und einen Tisch bei unserem Lieblingsitaliener zu reservieren. Ich packte meine Sachen früher als sonst zusammen und verabschiedete mich von Max und den Kollegen. Sie waren gewöhnlich alle bis spät am Abend im Büro, doch in den letzten Wochen war ich meist der letzte gewesen, der das Licht ausgemacht hatte. Es machte mir nichts aus, denn ich hatte Spaß bei der Arbeit und der Erfolg gab mir Recht. Ich hatte bereits vorher geahnt, dass gerade die Anfangszeit hart für mich werden würde. Doch Marie war mir ebenso wichtig und heute war sie an der Reihe.

Voller Vorfreude trat ich auf die Straße. Es lag bereits ein Hauch von Frühling in der Luft. Es war zwar erst Anfang März, doch die Luft roch nach Frühling. Ich liebte den Wechsel der Jahreszeiten. Der Winter verabschiedete sich langsam und der Frühling streckte seine Fühler in Form erster zarter Knospen und Blättchen aus. Die Welt erwachte aus ihrem Winterschlaf und zauberte neues Leben. Ein tiefes Glücksgefühl stieg in mir auf. Ich war dankbar für mein Leben. Es fühlte sich gerade alles gut an.

Leichtfüßig setzte ich meinen Weg nach Hause fort. Ich schloss voller Vorfreude die Tür auf und rief, »Hallo mein Schatz, ich bin da!«

»Liam, Schatz, ich hatte dich noch nicht erwartet. Was machst du denn schon zuhause? Ist alles in Ordnung?« Überrascht kam Marie auf mich zu.

»Ja, es ist alles in Ordnung. Ich wollte dich heute mal wieder ausführen. Ich habe einen Tisch beim Italiener reserviert. Hast du Lust?«

Ich drückte sie fest an mich. Ich spürte wieder, wie sehr sie mir fehlte.

»Ja, das ist eine schöne Idee. Ich freue mich«, flüsterte sie mir leise zu.

Meine Überraschung war geglückt. Wir machten uns beide fertig und gingen zu Fuß zu unserem Lieblings-italiener. Ich nahm Maries Hand, ich liebte es, so mit ihr durch die Stadt zu schlendern. Es tat uns beiden gut, endlich wieder einmal Zeit für uns zu haben. Denn auch die Wochenenden waren in letzter Zeit mit Arbeit gefüllt gewesen.

»Buona sera! Wie geht es Ihnen beiden? Tutto bene?«, begrüßte uns der Kellner freundlich.

»Grazie, tutto bene!«, antwortete ich lachend.

Wir liebten dieses Restaurant und wurden immer herzlich empfangen. Der Kellner begleitete uns zu unserem Tisch und nahm unsere Getränkewünsche auf. Ich griff nach Maries Händen und küsste sie.

»Es tut mir leid, mein Schatz, dass ich im Moment so wenig Zeit für dich habe. Ich vermisse dich sehr und es tut mir im Herzen weh, so oft von dir getrennt zu sein. Obwohl wir beide wussten, dass dies gerade zu Beginn so kommen würde, ist es dennoch sehr schwer für mich und ich habe oft ein schlechtes Gewissen.«

Voller Verständnis lächelte sie mich an.

»Es ist okay, Liam. Es ist dein Traum und dafür lohnt es sich, so viel zu arbeiten. Es werden hoffentlich bald auch wieder entspanntere Zeiten kommen.«

Ich nickte. Sie war es bereits gewohnt, auf mich verzichten zu müssen. Auch in meinem alten Job hatte ich phasenweise bis spät in die Nacht gearbeitet. Eigentlich wollte ich das in diesem Umfang nicht mehr.

Ich nahm mir fest vor, meinen Zeitplan nochmal gründlich zu überarbeiten und mir mehr Freiräume einzuräumen. Für uns beide, aber auch für mich selbst. Denn auch diese Zeit fehlte mir. Das war jedoch schon immer so gewesen, seit ich denken konnte. Marie bat mich bereits seit wir uns kannten immer wieder, mir endlich auch mal Zeit für mich selbst zu nehmen.

Es war ein schöner Abend. Wir ließen uns das leckere Essen schmecken und unsere Gespräche waren tiefgründig. Wir lachten viel. Engumschlungen und glücklich verließen wir das Restaurant.

Als wir im Bett lagen, ließ ich den Abend nochmal vor meinem inneren Auge ablaufen und musste lächeln. Ich schloss die Augen und sank in einen erholsamen Schlaf.

Am nächsten Morgen nahm ich mir im Büro als erstes meinen Terminkalender vor, um zu sehen, wie ich diesen etwas entzerren konnte. Doch dies erwies sich als nicht so einfach, denn die To-do-Liste schien endlos lang zu sein.

»Liam, kommst du? Hast du unser Strategiemeeting vergessen? Wir warten bereits auf dich.«

Max stand an meiner Tür. Ich sah irritiert vom Bildschirm auf.

»Ja, sicher, ich komme. Das hatte ich völlig vergessen.«

Er legte seine Hand auf meine Schulter.

»Ich weiß, es ist viel. Aber du machst das super.«

»Danke, Max.«

Es war schön zu hören, dass Max zufrieden mit meiner Arbeit war. Schließlich war er es, der an mich geglaubt und der mir diese Chance gegeben hatte.

Es war ein wichtiges Meeting mit allen Mitarbeitern. Wir planten die nächsten Schritte für die Agentur. Max hatte große Pläne, was auch den Druck auf meine Sparte erhöhte. Der Musikmarkt hatte sich in den letzten Jahren stark gewandelt. Die Digitalisierung hatte vieles einfacher, aber gleichzeitig auch schwerer für den Markt gemacht. Die Labels und Agenturen mussten sich umstellen und anpassen. Künstlern war heute vieles selbst möglich, seien es Aufnahmen oder die eigene Vermarktung. Aus diesem Grund mussten wir als Agentur immer einen Schritt voraus sein und den entsprechenden Mehrwert bieten können.

Ich verließ das Meeting mit gemischten Gefühlen. Mir wurde bewusst, dass ich mich nicht auf meinen bisherigen Erfolgen ausruhen durfte. Es musste weitergehen und es musste größer werden.

10

Die nächsten Wochen arbeitete ich ununterbrochen. Dieses Strategiemeeting hatte einen enormen Druck auf mich ausgelöst. Meine Gedanken kreisten ständig um die Zukunft der Agentur, mein Stresslevel stieg unaufhaltsam und ich reagierte häufiger gereizt. Mein Team spürte meine Anspannung. Mein Vorhaben, meinen Terminkalender zu entzerren, rückte in weite Ferne. Marie sah ich nur noch flüchtig. Wir hatten kaum mehr Zeit, miteinander zu sprechen.

Der Frühling kam und ging. Der Sommer bescherte uns bereits die ersten warmen Tage. Es war die Zeit der Sommerhits und der Neuveröffentlichungen in der Musikbranche. Es standen viele Festivals an und es mussten weiter neue Talente gescoutet werden.

Immer öfter beschlich mich das Gefühl, nur noch zu funktionieren. Ich wusste nicht mehr, ob mir die Arbeit noch Spaß machte und ich fragte mich plötzlich, ob es hierbei überhaupt noch um den Menschen ging. Denn die Umsatzzahlen nahmen einen großen, vielleicht sogar übermächtigen Platz ein.

Und dann kam der Tag, an dem ich an meinem Schreibtisch saß und der Boden unter meinen Füßen wankte. Mein Herz begann heftig zu klopfen und meine Kehle schnürte sich zu. Ich stand von meinem Bürostuhl auf und musste mich sofort wieder setzen. Der Druck in meinem Kopf war zu groß, alles um mich herum schien sich zu bewegen.

Max lief gerade an meinem Büro vorbei und blieb irritiert stehen. Er sah, wie ich mir meinen Kopf hielt.

»Liam, ist alles in Ordnung?«, fragte er besorgt.

»Ja es geht. Hast du das Erdbeben eben auch gespürt, Max? Der Boden hat richtig geschwankt.«

Er sah mich verwundert an. »Welches Erdbeben, Liam?«

»Hast du es nicht gespürt? Es hat doch alles geschwankt.«

»Komm, Liam. Wir holen dir erst mal einen Kaffee. Du bist ganz blass um die Nase. Es gab kein Erdbeben. Keine Ahnung, von was du redest.«

Max zog mich mit sich in den gemütlichen Sitzbereich und machte sich an der großen Kaffeemaschine zu schaffen. Ich setzte mich und überlegte, wie es denn sein konnte, dass Max das Schwanken eben nicht bemerkt hatte. Max stellte eine Tasse Kaffee vor mir auf den Tisch und setzte sich zu mir.

»Bitte, mein Freund. Jetzt erzähl nochmal von vorne. Was war da gerade los?«

Ich ging den Moment noch einmal in Gedanken durch.

»Also, ich saß in meinem Schreibtischstuhl und plötzlich hatte ich das Gefühl, dass der Boden unter mir schwankt. Mein Herz raste und ich spürte einen großen Druck im Kopf. Ich war mir sicher, dass gerade ein Erdbeben stattfand.«

»Okay, Liam. Ich habe nichts gespürt. Bleib erstmal sitzen und ruh dich kurz aus«, erwiderte Max und verabschiedete sich ziemlich abrupt.

Ich hatte das Gefühl, dass er auch nicht recht wusste, wie er mit der Situation umgehen sollte. Ich war mir selbst nicht sicher, was mit mir los war. Also beschloss ich, nach meinem Kaffee einfach weiterzuarbeiten.

Doch ich wurde das Gefühl nicht los, weiterhin neben mir zu stehen. Und langsam kam die Erinnerung zurück: Ich kannte dieses seltsame Gefühl, hatte es früher des Öfteren gespürt. Mir wurde übel. Ich musste dringend an die frische Luft. Ich griff nach meiner Tasche und verließ das Büro.

Draußen nahm ich einen tiefen Atemzug und ging ein Stück. Die Sonne brannte vom Himmel, ihre Hitze ließ den Asphalt flimmern. Ich lief zum nahegelegenen Park und suchte mir eine Bank im Schatten. Die Ruhe und die Natur würden mir guttun, da war ich mir sicher. Ich setzte mich und ließ meinen Blick schweifen. Und da war es wieder: mein Kopfkino. Die Symptome ähnelten denen von früher. In diesem Moment wurde mir klar, weshalb Max kein Erdbeben gespürt hatte. Das Erdbeben hatte in meiner inneren Welt stattgefunden. Ich erinnerte mich an das Gespräch mit Herrn Dr. Brandt. Er hatte es damals als Warnzeichen meines Körpers bezeichnet, als Hinweis darauf, dass etwas nicht richtig lief. Doch in der Zwischenzeit hatte ich meinen Job gekündigt und lebte meinen Traum. Ich war wieder in der Welt der Musik zuhause. Ich hatte mein altes Leben hinter mir gelassen, um den richtigen Weg zu beschreiten.

Weshalb sendet mir mein Körper nun erneut Warnzeichen? Das kann doch nicht wahr sein! Ich schob die Gedanken beiseite und ging wieder zurück ins Büro.

Dort angekommen, beschloss ich, die Sache erst einmal für mich zu behalten. Ich konnte Marie nicht schon wieder mit meinen Problemen belasten. Sie war es doch, die alles für mich tat und sich selbst immer wieder hintenanstellte.

Ich stürzte mich in die Arbeit. Darin war ich gut und so blieb mir auch keine Zeit für andere Gedanken.

In den nächsten Wochen jedoch ließ mein Erfolg zu wünschen übrig. Ich fand kaum neue Talente und auch mit den unter Vertrag stehenden jungen Künstlern war die Kommunikation schwieriger geworden. Meine schlechte Stimmung übertrug sich zunehmend auf mein Umfeld. Ich erhielt die gleiche Stimmung und Reaktion von meinem Gegenüber zurück. Die Welt war ein Spiegel. Ich begann zu grübeln und zu zweifeln, hatte immer häufiger mit Symptomen wie Herzrasen, Herzstolpern, Schwindel und diesem seltsamen Druck im Kopf zu kämpfen. Hinzu kam das schlechte Gewissen Marie gegenüber. Ich hatte unser gesamtes Erspartes in diese Agentur gesteckt und sie hatte mich dabei unterstützt. Das durfte jetzt nicht schief gehen.

Ich beschloss, mir gemeinsam mit Marie eine kleine Auszeit zu nehmen und ans Meer zu fahren. Wir waren schon viel zu lange nicht mehr in unserem Strandhaus gewesen. Der Sommer war fast vorbei, die Tage wurden langsam schon wieder kürzer. Den Herbstzauber konnte man bereits erahnen und es schien der perfekte Zeitpunkt zu sein, den Sommer am Meer zu verabschieden. Wir hatten dieses Jahr kaum Zeit füreinander gehabt und Marie würde sich sicher freuen.

Ich rief bei Fran an: »Fran, hallo, hier spricht Liam. Wie geht es dir? Wir haben lange nichts voneinander gehört.«

Sie wusste sofort, wer am Apparat war.

»Liam, hallo. Wie schön, dich zu hören! Mir geht es gut. Du kennst mich doch«, lachte Fran in den Hörer.

Es war, als wären wir nie weg gewesen.

»Das freut mich, Fran. Wir wollten endlich mal wieder ans Meer fahren. Wäre das Haus am letzten Septemberwochenende noch frei für uns?«

»Selbstverständlich, ich bereite alles für euch vor. Endlich kommt ihr wieder, es wird Zeit, Liam.«

Ich konnte ihr Augenzwinkern förmlich spüren.

»Danke, das ist wunderbar. Dann sehen wir uns bald.«

Ich legte schmunzelnd auf. Diese Frau war unglaublich. Es umgab sie ein Zauber, der nicht in Worte zu fassen war.

Am Abend teilte ich Marie freudestrahlend meine Überraschung mit. Sie fiel mir lachend um den Hals und küsste mich stürmisch. Das liebte ich so an ihr, sie steckte mich sofort mit ihrer Freude an.

Am Tag unserer Abreise verließ ich früher das Büro. Max wusste Bescheid und freute sich für uns. Marie war ihm in den vergangenen Monaten ans Herz gewachsen. Auch, wenn die beiden sich nicht oft sahen, mochten sie sich.

Marie wartete zuhause bereits aufgeregt auf mich. Wir verstauten unser Gepäck im Auto und es ging los. Nach nur knapp drei Stunden konnten wir schon das Meer riechen. Dieser Geruch versetzte uns sofort in Urlaubsstimmung, Erinnerungen an frühere Aufenthalte kamen hoch und wir sangen lauthals die Songs im Radio mit. Endlich erreichten wir das wunderschöne kleine Haus, das unsere Herzen im Sturm erobert hatte. Unser Auto parkten wir direkt in der Einfahrt. Fran war bereits dort, strahlte übers ganze Gesicht, winkte uns zu und umarmte uns stürmisch, nachdem wir aus dem Wagen gestiegen waren.

»Hallo ihr beiden, ihr habt mir gefehlt. Es ist so schön, dass ihr endlich wieder hier seid.«

Frans Freude kam von Herzen.

»Fran, wie schön, dich zu sehen! Wir freuen uns auch sehr, du siehst gut aus«, machte Marie ihr ein Kompliment.

Sie mochte Fran. Fran war sicher einer der Gründe, weshalb wir immer wieder hierher zurückkamen.

»Danke, mein Herz. Erzähl mir von eurem Leben, wie geht es euch?«

Die beiden Frauen hatten mich bereits vergessen und schlenderten Arm in Arm zu Frans Haus, das nur wenige Meter neben unserem Ferienhäuschen stand. Es gab viel zu besprechen. Ich freute mich für die beiden und ließ sie in Ruhe, denn ich wusste, wie gut Marie die Gespräche mit Fran taten. Ich machte mich daran, das Auto auszupacken und unser Abendessen vorzubereiten. Auf dem Weg hatten wir bereits in dem kleinen Ort alles Nötige für das Wochenende eingekauft.

Ein Highlight des Hauses war der Blick aus der Küche übers Meer. Es war atemberaubend, diese endlose Weite beim Kochen zu genießen.

Ich zauberte ein 3-Gänge-Menü für Marie. Liebevoll deckte ich den Tisch auf der kleinen Veranda. Diese bot ebenfalls einen wunderschönen Blick auf den Strand und das Meer. Fran hatte die überdachte Veranda neben einem Esstisch mit vier Stühlen mit einer kleinen Hollywood-schaukel und einem Schaukelstuhl ausgestattet. Die alten Holzbalken der Terrasse waren mit Lichterketten verziert und verzauberten die Atmosphäre. Es war ein magischer Ort.

Die Temperaturen waren noch angenehm zum draußen sitzen. Ich war gerade dabei, die noch fehlenden Teller aus dem Schrank zu holen, als ich die Eingangstür hörte. Marie war zurück.

»Hmm, es riecht wunderbar.«

Mit diesen Worten betrat sie das kleine Haus.

»Das Essen ist gleich fertig, Schatz.«

Ich küsste sie zärtlich und führte sie hinaus auf die Veranda zum gedeckten Tisch. Sie war verzaubert von dem Anblick. Die untergehende Sonne, die, das Meer in tausend Farben tauchte, der mit Kerzen gedeckte Tisch, die Lichterketten und die Lampions, die im Wind schaukelten. Es war wunderschön und der Abend hätte nicht besser beginnen können. Wir beide entspannten uns zusehends. Eng aneinander gekuschelt saßen wir nach dem leckeren Abendessen, welches aus einem Feldsalat mit Bruschetta als Vorspeise, einer Gemüselasagne als Hauptgang und einem Obstsalat als Nachspeise bestand, auf der gemütlichen Hollywoodschaukel und beobachteten das Meer. Marie liebte das Meer, genauso so sehr, wie ich. So saßen wir eine halbe Ewigkeit. Ich zog sie an mich, um sie zu küssen. Es war schön, ihre Nähe zu spüren. Unsere Küsse wurden fordernder, unsere Blicke tiefer.

Marie griff nach meiner Hand.

»Komm, lass uns eine Runde am Strand spazieren gehen.«

Ich ließ mich mitziehen. Der Sand unter unseren Füßen war noch warm, die sanften Wellen des Meeres umspülten unsere Beine. Der einsame Strand und das Meer waren ins Dunkel der Nacht getaucht, nur einzelne Lichter der kleinen Laternen, die den Weg zum Strand säumten, erhellten den Weg.

Wir setzten uns in die Dünen. Der Mond erhellte die Wasseroberfläche des Meeres. Sanft legte Marie ihren Kopf an meine Schulter. Ich legte meinen Arm um sie, zog ihr Kinn zu mir und begann sie zu küssen. Maries Hand suchte sofort den Weg unter mein T-Shirt. Ihre Hände wanderten langsam weiter nach unten und machten sich an meiner Hose zu schaffen. Ich zog die Luft ein, war irritiert. Wollte Sie etwa hier am Strand mit mir schlafen? Das passte eigentlich nicht zu ihr. Doch bevor ich weiterdenken konnte, hatte sie bereits meine Hose geöffnet und wanderte in tiefere Regionen. Nun wurden auch meine Küsse fordernder. Marie setzte sich auf mich. Ich vergrub meine Hände in ihrem Nacken, zog sie näher an mich heran. Meine Hände und meine Lippen wanderten zu ihren Brüsten und schoben die Träger ihres Kleides herunter. Marie begann leise zu stöhnen und bog ihren Oberkörper nach hinten.

»Marie, willst du das hier wirklich am Strand?«

»Ja, Liam. Das will ich«, keuchte sie.

Marie zog meine Hose ein Stück nach unten und schob ihr Höschen beiseite. Ich konnte mich kaum noch beherrschen. Sie rutschte ein Stück tiefer und nahm mich in sich auf. Sie bewegte sich sanft auf mir. Ihre Bewegungen wurden schneller. Meine Hände liebkosten ihre Brüste. Sie lehnte sich über mich, stöhnte in mein Ohr. Ihre Erregung machte mich fast wahnsinnig. Eine gemeinsame Welle der Lust überrollte uns. Danach sank Marie auf meinen Oberkörper.

»Ich liebe dich, Marie«, flüsterte ich in ihr Ohr.

»Ich liebe dich auch, Liam.«

11

Zurück in der Stadt musste ich immer wieder an unser wunderschönes Wochenende am Meer zurückdenken. Die Tage waren erfüllt von langen Strandspaziergängen, intensiven Gesprächen, leckerem Essen und guten Büchern. Wir waren seit langem nicht mehr so entspannt gewesen. Von diesem Ort Abschied zu nehmen, fiel uns beiden schwer. Doch die Arbeit rief uns zurück in die Realität.

Genau über diese sogenannte Realität, zerbrach ich mir in den folgenden Tagen meinen Kopf. *Weshalb kann nicht dieser Ort am Meer unsere Realität werden?*

Ich arbeitete hart, doch ich konnte nicht mehr an meinen bisherigen Erfolg anknüpfen. Und ich suchte immer wieder im Außen nach Gründen. Da waren die Künstler, die vieles selbst übernehmen wollten, die Labels, die den Wünschen der jungen Talente nicht mehr gerecht wurden, die Digitalisierung ganz allgemein und vieles mehr. Doch es half nichts, es musste etwas passieren, so konnte es nicht weitergehen. Meine Angst wuchs.

Am Abend schloss ich schlecht gelaunt die Tür zu unserer Wohnung auf. Marie schien nicht da zu sein. Auf dem Weg ins Ankleidezimmer entdeckte ich eine kleine Schachtel. Sie stand auf meiner Seite unseres Betts. Ich griff verwundert danach, vorsichtig nahm ich den Deckel ab. Mein Atem stockte. Ich spürte mein Herz heftig in meiner Brust klopfen: »*Liam, du wirst Papa!*«, stand auf einem runden Pappschild, das auf kleinen Babyschuhen lag.

Meine Gedanken wirbelten wild durcheinander, ich war völlig überwältigt von meinen Gefühlen. Plötzlich schmeckte ich etwas Salziges auf meinen Lippen und mir wurde bewusst, dass dies eine Träne war. Ich drehte mich um und sah Marie lächelnd im Türrahmen stehen. Sie strahlte vor Glück.

»Du wirst Papa, Liam«, flüsterte sie mir zu. Nun füllten sich auch Maries Augen mit Tränen. Unsere Freude war riesig.

Wir hatten schon immer von einer kleinen Familie geträumt, doch der Zeitpunkt schien nie der Richtige gewesen zu sein. Falls es diesen richtigen Zeitpunkt überhaupt gab. Nun war uns diese Entscheidung abgenommen worden, es war einfach passiert. Es war ein kleines Wunder für uns.

Marie strahlte aus jeder Zelle ihres Körpers. Sie hatte sofort eine Verbindung zu diesem kleinen, wunderbaren Wesen in ihrem Bauch, sie hatte bereits vor ihrem Schwangerschaftstest gespürt, dass sich etwas verändert hatte.

Ich begleitete sie am darauffolgenden Tag zum Frauenarzt, was Neuland für mich war. Mir war etwas mulmig zumute, denn ich wusste nicht, was mich erwarten würde. Marie wurde untersucht und es wurde erneut ein Test zur Bestätigung der Schwangerschaft durchgeführt.

»Herzlichen Glückwunsch, Sie sind schwanger!« Mit diesen Worten betrat der Arzt einige Minuten später das Behandlungszimmer.

»Vielen Dank!«, antworteten wir lachend.

Dr. Maiwald lächelte ebenfalls. Er bestimmte den ungefähren Zeugungszeitpunkt und damit die aktuelle Schwangerschaftswoche. Marie war in der 6. Woche. Die Entwicklung des Embryos entsprach der Schwangerschaftswoche, es war alles in Ordnung. Der Arzt erklärte uns das weitere Vorgehen. Marie wurde Blut abgenommen, um ihren Immunstatus zu checken. Dieser war enorm wichtig, da sie als Lehrerin arbeitete und somit einem höheren Risiko für Infektionskrankheiten, die dem Baby gefährlich werden könnten, ausgesetzt war. Dr. Maiwald klärte uns auch über mögliche Beschwerden in den ersten Schwangerschaftswochen auf und gab uns einen Stapel an Informationsbroschüren mit. Diese Menge an Informationen mussten wir erst einmal verdauen. Marie erhielt zum Abschied ihren Mutterpass. Glücklich verließen wir die Praxis.

Am Abend umsorgte ich Marie. Es sollte ihr an nichts fehlen und mein Beschützerinstinkt lief auf Hochtouren. Wir konnten unser Glück kaum fassen. Liebevoll streichelten wir Maries Bauch und sprachen schon mit dem kleinen Wesen.

Doch am Abend konnte ich nicht einschlafen. Meine Gedanken ließen mir keine Ruhe. Ich wusste, dass der Zeitpunkt nicht perfekt war. Es lief in der Agentur derzeit nicht gut für mich. Unser gesamtes Erspartes steckte in der Agentur und Marie würde bald in Elternzeit gehen. Das bedeutete, dass uns ein Teil ihres Einkommens fehlen würde. Ich bekam Schweißausbrüche. Es lag jetzt an mir, die Familie zu versorgen. Die plötzliche Verantwortung lastete schwer auf meinen Schultern. Marie wusste nichts von den derzeitigen Schwierigkeiten in der Agentur. Ich hatte ihr nichts davon erzählt, da ich sie damit nicht belasten wollte. Sie war es schließlich, die mich unterstützt und in meiner Entscheidung, diesen Weg zu gehen, bestärkt hatte.

Es war allerdings schon immer unser Traum gewesen, eine eigene kleine Familie zu gründen. Ich wusste, wie sehr sie sich das wünschte, doch sie hatte in den letzten Monaten nicht mehr davon gesprochen. Sie wusste, dass mir dieser Karriereschritt, die Teilhaberschaft in der Agentur gerade so wichtig war. Ich war ihr unendlich dankbar dafür und hatte großen Respekt vor ihrer Hingabe und ihrem Mitgefühl. Einen größeren Liebesbeweis hätte sie mir nicht machen können. Mein schlechtes Gewissen schien mich bei dieser Erkenntnis fast zu erdrücken.

In den nächsten Tagen glichen meine Gefühle einer Achterbahnfahrt. Sie schwankten von unbeschreiblicher Freude über tiefe Verzweiflung bis hin zu unbändiger Angst. Ich umsorgte Marie, wo ich nur konnte und nahm mir oft Zeit, um früher nach Hause zu kommen. Dafür stand ich jedoch früh am Morgen auf und arbeitete daheim noch bis spät in die Nacht. Dieses Pensum konnte ich wahrscheinlich nicht mehr lange durchhalten. Ich wollte allem und jedem gerecht werden, fühlte mich zerrissen zwischen Arbeit und Familie. Leider überfiel mich immer häufiger das mir mittlerweile bekannte Schwindelgefühl und dieser seltsame Druck im Kopf. Marie hingegen ging es meist gut. Manchmal litt sie unter Morgenübelkeit, ansonsten fühlte sie sich wohl und freute sich sehr auf das Baby. Sie las alle Bücher zum Thema Schwangerschaft und erste Babyjahre, die sie finden konnte, erstellte Namenslisten, suchte nach Babyzubehör und richtete in Gedanken bereits das Kinderzimmer ein. Es war schön, mit anzusehen, wie sie aufblühte. Man konnte ihr Glück fühlen. Sie strahlte mit Haut und Haaren, sie war wunderschön. Ich hatte oft das Gefühl, dass Marie selbst überrascht darüber war, wie gut ihr diese Schwangerschaft tat. Ihr Wunsch nach einer eigenen Familie musste sehr groß gewesen sein. Viel größer, als sie es jemals zugegeben hatte. Ihre Freude übertrug sich auch auf mich, ich ließ mir meine Sorgen nicht anmerken, wollte um jeden Preis diese wunderschönen Momente mit ihr auskosten. Diese Gefühle des unfassbaren Glücks, welche sich auch in mir immer mehr ausbreiteten, faszinierten mich.

Marie hatte heute erneut einen Termin beim Frauenarzt, zudem ich sie gerne begleitete. Zu Beginn wurde die Schwangerschaft engmaschig überwacht. Sie war nun in der 8. Woche. Dr. Maiwald war zufrieden, es war alles in Ordnung. Er untersuchte die Entwicklung des Embryos mit einem Vaginal-Ultraschall. Beim Blick auf den Monitor sahen wir etwas pulsieren. Marie wurde still und beobachtete den Bildschirm aufmerksam.

»Sehen Sie, das ist der Herzschlag Ihres Babys«, erklärte uns Dr. Maiwald und zeigte auf den kleinen dunklen Punkt, der sich bewegte.

Marie liefen Tränen der Freude über die Wangen. Dieses Gefühl war unbeschreiblich. Wir sahen das erste Mal das Herz unseres Babys schlagen. In diesem Moment wurde mir klar, dass unser Leben ab jetzt ein völlig anderes sein würde. Es war, als würde uns erst in diesem Augenblick bewusst, welches Wunder hier gerade geschah. Das Wunder des Lebens. Dieses Gefühl würde ich für immer in meinem Herzen tragen.

Wir verließen die Praxis wie im Glücksrausch, schlenderten Arm in Arm durch die Berliner Straßen und beschlossen, zur Feier des Tages in einem kleinen, nostalgischen Café, das sich in einem Hinterhof in der Nähe des Kurfürstendamms befand, noch etwas zu trinken. Auf dem Weg dorthin zog uns das Schaufenster einer Kinderboutique mit wunderschöner, verspielter Dekoration in seinen Bann. Wir betraten das Geschäft und kamen aus dem Staunen über die niedlichen, winzigen Babysachen nicht mehr heraus. Marie verliebte sich in einen rosafarbenen Body mit niedlichen Rüschen an den Ärmeln. Obwohl wir das Geschlecht des Babys noch nicht kannten, kauften wir ihn. Es war unser erster Einkauf für unser noch ungeborenes kleines Baby.

Marie spürte, dass sie ein Mädchen in ihrem Bauch trug. Sie hatte bereits eine enge Verbindung und intensiven Kontakt mit ihr. Diese Tatsache ließ mich immer wieder staunen. Es war magisch und glich einem Wunder. Ich wurde wieder und wieder daran erinnert, welch magischer Ort unsere Welt war und welche Gesetze auf ihr herrschten. Ich dachte an meine Mutter, sie hatte um die Geheimnisse des Universums gewusst, ebenso, wie Marie um sie wusste.

Als wir zuhause ankamen, war es bereits Abend geworden. Marie war müde. Das war sie momentan häufig. Der Arzt erklärte uns, dass dies ein typisches Symptom in der frühen Schwangerschaft war. Der Körper lief auf Hochtouren, er musste einiges leisten und seine gesamte Energie in das Wachstum des Babys investieren. Da war es nicht verwunderlich, wenn er mehr Erholung brauchte. Marie ging früh ins Bett. Ich nutzte die Zeit, um das Versäumte vom Nachmittag aufzuholen. Doch auch mir fielen nach kurzer Zeit die Augen zu. Mitten in der Nacht erwachte ich mit Schmerzen im Nacken vor meinem Computer. Ich schlurfte müde ins Bett.

Am nächsten Morgen erwachte ich kraftlos und schlapp. Ich hatte das Gefühl, kaum geschlafen zu haben und verspürte wenig Lust, in die Agentur zu gehen. Doch es half alles nichts, es musste weitergehen und ich musste einiges vorbereiten.

Die darauffolgenden Tage ging mir die Arbeit wieder leichter von der Hand. Der Gedanke an das kleine schlagende Herz in Maries Bauch gab mir Energie. Marie ging es genauso. Sie war gut gelaunt und freute sich jeden Tag auf ihre Schüler.

An diesem Morgen wirkte sie jedoch etwas bedrückt.

»Marie, mein Engel, ist alles gut?«, fragte ich sie beim Frühstück.

Sie blickte gedankenverloren aus dem Fenster. »Alles gut. Ich hatte nur einen seltsamen Traum heute Nacht.«

»Was denn für einen Traum?«

Sie sah mir direkt in die Augen. »Ich habe von einem kleinen Mädchen geträumt, das lachend über eine Blumenwiese rannte. Sie hat »Tschüss, Mama, wir sehen uns wieder. Ich habe dich lieb!« gerufen.«

Ich schwieg einen Moment. Das musste ich erst einmal in meinem Kopf sortieren.

»Okay, ein wirklich seltsamer Traum«, erwiderte ich nach einer Weile nachdenklich. Mir war etwas mulmig zumute, denn ich kannte Marie. Sie hatte in der Vergangenheit bereits des Öfteren Vorahnungen gehabt.

»Ich habe ein seltsames Gefühl, Liam.«

»Es ist alles in Ordnung, mein Schatz. Das ist normal, dass man sich Sorgen macht. Ich sorge mich auch um euch beide«, versuchte ich Marie zu beruhigen, obgleich mich ebenfalls ein ungutes Gefühl beschlich.

Heute war ein wichtiger Tag, denn Marie wollte den Rektor über ihre Schwangerschaft informieren, ihn jedoch gleichzeitig bitten, die Nachricht noch für sich zu behalten. Sie wollte offen und frühzeitig mit ihm sprechen, um ihm zu ermöglichen, rechtzeitig Ersatz für sie zu finden. Dies war ihr sehr wichtig, denn dass es ihren Schülern gut ging, hatte für sie oberste Priorität. Sie war mit ihrer Klasse, gerade vor kurzem wieder ins zweite Schuljahr gestartet. Der Geburtstermin war für Mitte Juni des folgenden Jahres geplant, ihr Mutterschutz begann somit Anfang Mai. Ihr war bewusst, dass sie ihre Klasse nicht das gesamte Schuljahr begleiten konnte. Ich bat Marie, mich nach dem Gespräch anzurufen.

Als das Telefon klingelte war ich bereits in der Agentur.

»Marie, mein Schatz, wie ist es gelaufen?«

»Alles gut, Liam. Er hat sich für mich gefreut, obwohl er wie erwartet keine Luftsprünge gemacht hat«, lachte sie.

»Das freut mich. Ich liebe dich. Bis heute Abend.«

»Bis heute Abend, Liam. Ich liebe dich auch.«

Ich war erleichtert, dass Maries Gespräch gut verlaufen war. Es schien ihr besser zu gehen. Sie hörte sich nicht mehr so nachdenklich an.

In der Agentur wusste bisher nur Max über die Schwangerschaft Bescheid. Er freute sich sehr für uns. Ich war jedoch auch nicht in der Pflicht, irgendjemanden über diesen Umstand zu informieren. Heute hatte ich ein vielversprechendes Treffen mit einem jungen Mann, der bisher lediglich als Straßenmusiker aktiv gewesen war. Sein Name war Mika. Ich war gespannt und spürte tatsächlich eine gewisse Vorfreude auf dieses Treffen. Ich bereitete einen unserer Meeting-Räume vor.

»Guten Tag, sind Sie Herr McMurphy?«, hörte ich eine Stimme hinter mir. Ich drehte mich um. Er musste die Treppen genommen haben, denn ich hatte ihn nicht kommen hören.

»Guten Tag, ja, der bin ich. Du kannst mich gerne Liam nennen. Hallo Mika.«

Ich kannte ihn. Meine Gedanken überschlugen sich, denn ich versuchte mich krampfhaft zu erinnern, woher.

»Super, hallo Liam. Ich glaube, ich kenne dich. Bist du nicht der Mann, der nach dem Gespräch mit mir vor diesem riesigen Bürogebäude plötzlich um sein Leben rannte?«

Mika hatte mich also ebenfalls erkannt und befreite mich damit aus meinem Gedankenkarussell.

Er war es gewesen, der mir damals das letzte, das entscheidende Zeichen gab. Das Zeichen dafür, dass es endlich Zeit war, meinem Leben eine neue Richtung zu geben. Und nun saß er vor mir, um mit mir über seine Karriere als Musiker zu sprechen. Das Leben war faszinierend. Alles war miteinander verbunden. Und Mika war der Beweis dafür.

Er ahnte natürlich nichts von seiner Rolle in meinem Leben. Doch nun war der Zeitpunkt gekommen, an dem ich ihm etwas zurückgeben konnte. Ich wollte ihm unbedingt helfen, wollte ihm seinen Traum erfüllen, ein großer Musiker zu werden. Er spielte und sang unglaublich schön. Davon hatte ich mich bereits damals, an diesem letzten Morgen vor meinem alten Büro überzeugen können. Ich hatte vor unserem heutigen Termin zudem einige Tapes von ihm gehört und wusste, dass er großes Potenzial hatte. Mein Team hatte mir alles Wichtige, was es über ihn zu wissen gab, zusammengestellt.

Ich lächelte nickend. »Ja, genau der bin ich. Ich war mir auch sicher, dich zu kennen, wusste jedoch nicht, woher.«

»Ich hoffe, es war nicht meine Musik, die dich so schnell wegrennen ließ.«

Das Eis war gebrochen. Die Chemie zwischen uns stimmte.

»Doch, das war sie. Allerdings im positiven Sinne.«

Plötzlich vibrierte mein Handy. Ich ließ es klingeln, hatte völlig vergessen, es lautlos zu stellen. Normalerweise tat ich dies bei Kundenterminen. Denn bei Terminen zählte nur der Künstler. Es klingelte erneut. Wieder beachtete ich es nicht weiter und entschuldigte mich bei Mika. Er hatte volles Verständnis, es störte ihn nicht. Gerade wollte ich mit Mika über seine bisherige Laufbahn sprechen, als mein Handy uns erneut unterbrach. Nun wurde mir mulmig zumute und ich schaute aufs Display. Es war Marie und mein Puls beschleunigte sich. Es musste etwas passiert sein. Es passte nicht zu Marie, mich während der Arbeit mehrmals hintereinander anzurufen. Ich entschuldigte mich kurz und verließ den Raum. Sofort rief ich zurück. Mein ganzer Körper war angespannt. Endlich hörte ich ihre Stimme.

»Marie, Schatz, ist alles in Ordnung?«

»Liam, zum Glück. Nein, es ist nicht alles in Ordnung. Ich habe große Schmerzen. Bitte komm nach Hause.«

Ihre Stimme brach. Es musste ihr sehr schlecht gehen. Ich hatte sie noch nie so gehört.

»Ich bin gleich da, Marie. Bitte bleib liegen. Soll ich einen Arzt rufen?«

»Nein, komm einfach nach Hause.«

Dann legte sie auf.

Ich rannte zurück in den Meetingraum.

»Mika, es tut mir sehr leid. Ich muss nach Hause, meiner Frau geht es schlecht. Wir holen unseren Termin nach.«

Ohne eine Antwort von ihm abzuwarten, verließ ich panisch den Meeting-Raum. Ich rannte so schnell mich meine Beine trugen die Treppen hinunter, sprang in mein Auto und fuhr mit Vollgas durch die Berliner Innenstadt. Leider war dies um die Mittagszeit ein heikles Unterfangen. Ich erwischte einige Blitzer und musste so manches Mal anderen Autos ausweichen. Doch in diesem Moment war mir alles egal. Ich musste zu Marie. Das Blut rauschte in meinem Kopf, mein Herz schlug mir bis zum Hals und meine Hände gruben sich ins Lenkrad. Endlich hatte ich es geschafft. Ich hielt mit einer Vollbremsung in der Tiefgarage auf unserem Parkplatz und hastete die Treppen hinauf. Mit einem Ruck öffnete ich die Haustür und dann sah ich sie. Mir war in diesem Moment, als setzte mein Herz aus. Sie lag zusammengekauert, kraftlos und blass auf dem Sofa. Langsam ging ich auf sie zu.

»Marie, mein Engel. Ich bin da.« Ich kniete mich neben sie.

»Liam.« Sie griff nach meiner Hand. Ihre fehlte die Kraft, um zu sprechen.

»Was hast du? Wo tut es dir weh?«

Sie zeigte auf ihren Bauch und auf ihren Rücken. Tränen stiegen in ihre Augen. Sie weinte Tränen der Verzweiflung, umklammerte mit beiden Händen ihren Bauch. So, als wollte sie verhindern, was sie wahrscheinlich bereits ahnte. Ich saß hilflos neben ihr und fühlte ihren Schmerz so stark, dass mir davon übel wurde. Kalter Schweiß rann von meiner Stirn. Es war unerträglich für mich, Marie so leiden zu sehen.

»Marie, ich bring dich zum Arzt. Ich kann dir nicht helfen.«

Ich strich ihr sanft über das Haar.

»Liam, unser Baby...«

Sie schluchzte jetzt noch heftiger. Ich half ihr aufzustehen. Sie krümmte sich vor Schmerzen und hielt sich den Rücken.

»Liam!«

Ich folgte ihrem Blick und dann stockte uns beiden der Atem. Maries Hose war voller Blut.

12

Ich wollte sie in meine Arme nehmen, um sie nach unten zu tragen. Doch sie hielt mich zurück und schüttelte nur den Kopf.

»Liam, es ist zu spät. Sie ist gegangen«, sagte Marie leise. In diesem Moment verloren wir beide jeden Halt. Wir hielten uns eng umschlungen und weinten, um unser Baby. Der Schmerz schoss mir in jede einzelne Zelle meines Körpers. Ich kannte dieses Gefühl und trotzdem zog es mir erneut den Boden unter den Füßen weg.

Ich brachte Marie ins Badezimmer und holte im Anklei-dezimmer frische Kleider für sie. Sie bat mich, sie kurz allein zu lassen.

Ich war wie gelähmt. Alles fühlte sich unwirklich und leer an, die Welt stand still.

Nach einer Weile klopfte ich an die Badezimmertür: »Marie, mein Schatz, soll ich Dr. Maiwald anrufen?«

»Nein, das brauchst du nicht. Ich mache das morgen selbst.«

»Aber Marie, vielleicht kann er dir und dem Baby noch helfen? Es kommt doch immer wieder zu Blutungen in der frühen Schwangerschaft...«, versuchte ich es erneut. Das durfte nicht wahr sein.

»Liam, sie ist nicht mehr bei mir.«

Ihr Schluchzen drang durch die Badezimmertür.

»Darf ich reinkommen, Marie?«

»Bitte, lass mich kurz allein.«

Ich wusste, dass Marie die Wahrheit sagte. Sie hatte bereits eine tiefe Verbindung zu unserem noch ungeborenen Baby gehabt und spürte genau, dass unsere Tochter ihren Körper verlassen hatte. Nun begriff auch ich, dass es keine Hoffnung mehr gab.

Es war für mich unerträglich, Marie weinen zu hören und sie nicht trösten zu können. Doch ich verstand, dass sie jetzt Zeit für sich benötigte. Schließlich war sie es gewesen, die unser Baby unter ihrem Herzen getragen hatte. Ich wollte mir gar nicht ausmalen, wie schlimm diese Situation für sie sein musste. Aus diesem Grund beschloss ich, ihr alle Zeit der Welt zu geben.

Ich holte mir ein Glas Wasser und setzte mich an den Küchentisch. Meine Gedanken wanderten zu Maries Traum. Es war also kein Traum gewesen, sondern eine Botschaft von unserem kleinen Mädchen. Sie hatte sich von Marie verabschiedet. Mir liefen stille Tränen über die Wangen. Plötzlich erschrak ich und drehte mich ruckartig um. Ich hatte gerade das Gefühl gehabt, als stünde jemand hinter mir und strich mir übers Haar. Gänsehaut überzog meinen gesamten Körper. Doch natürlich war da niemand. Wer sollte auch da sein?

Ich schob das Gefühl auf meine emotionale Lage und beachtete es nicht weiter. Ich musste nach Marie sehen. Doch dann fiel mir wieder ein, dass ich ihr Zeit geben wollte. Also blieb ich sitzen und wartete.

Endlich hörte ich das Knacken der Badezimmertür. Marie kam leise in die Küche. Sie hatte sich umgezogen. Sie lief wortlos auf mich zu und ich nahm sie fest in meine Arme. Marie wirkte so zerbrechlich. Mein größter Wunsch war es, ihr ihren Schmerz abnehmen zu können.

Ich begleitete sie zur Couch und deckte sie liebevoll zu. Dann ging ich in die Küche, um ihr eine Wärmflasche zu machen. Sie hatte offensichtlich noch Schmerzen. Doch der Schmerz über unseren Verlust überstrahlte alles.

»Der Traum, Liam. Das war kein Traum«, sagte sie leise und ihr Blick ging ins Leere.

»Ich weiß, Marie. Ich weiß.«

Ich setzte mich neben sie und legte meinen Arm um ihre Schulter. Doch sie schob mich weg. Ich wusste, dass ich das akzeptieren musste, aber es tat weh.

Die Verbindung zwischen Marie und unserem kleinen Mädchen musste unglaublich tief und schön gewesen sein. Doch für mich war das nur schwer greifbar, ich hatte diese Gabe und Empathie in diesem Ausmaß nicht. Allerdings war ich offen dafür und staunte über diese Magie, über diese Welt, die so voller Wunder war. Aber ich verstand nicht, wieso sie gegangen war. Wieso wollte sie nicht bei uns bleiben? Diese Frage stellte sich Marie wahrscheinlich ebenfalls.

»Liam, wieso? Wieso ist sie gegangen?«

Da war sie also die Frage, die auch mich so beschäftigte.

»Ich weiß es nicht, Marie. Ich weiß es auch nicht.«

Es herrschte Stille. Doch dieses Mal war es eine unerträgliche Stille. Ich fühlte mich einsam, obwohl Marie neben mir saß.

»Vielleicht hätte ich mich mehr ausruhen sollen oder mich noch gesünder ernähren sollen oder…«

Ich unterbrach Marie und hob mit meiner Hand ihr Kinn nach oben, so dass sie mich ansehen musste.

»Marie, du bist nicht schuld daran. Du hast nichts falsch gemacht.«

Ich hoffte, dass meine Worte Marie erreichten. Denn sie schien weit weg zu sein. Es fühlte sich an, als wäre ihre Seele nicht mehr anwesend.

Draußen war es bereits dunkel geworden. Marie saß immer noch mit ihrer Wärmeflasche auf dem Bauch einfach nur da. In der Zwischenzeit hatte ich ihr einen Tee gekocht und wich ihr nicht von der Seite. Mehr konnte ich im Moment nicht für sie tun. Irgendwann stand sie geistesabwesend auf, um ins Bad zu gehen. Kurz darauf hörte ich, wie sie ins Schlafzimmer verschwand. Ich war mir noch nie so hilflos vorgekommen wie an diesem Tag. Ich beschloss, ebenfalls ins Bett zu gehen, so musste ich den unendlichen Schmerz nicht mehr fühlen. Auf dem Weg ins Schlafzimmer fiel mein Blick auf den kleinen, niedlichen, rosafarbenen Body, den wir gemeinsam gekauft hatten. Er lag auf der kleinen Kommode im Flur. Ich nahm ihn in die Hand und strich darüber. Ich hatte mich so sehr auf dieses kleine Wunder gefreut. Ich hatte mich so sehr auf unsere kleine Familie gefreut. Und plötzlich war von der einen auf die andere Sekunde alles anders. Ich wollte es einfach nicht glauben.

Ich beschloss, den Body in einer Schublade verschwinden zu lassen. So würde er Marie nicht in die Hände fallen.

Dann legte ich mich auch ins Bett. Eine bleierne Müdigkeit überfiel mich und breitete sich in meinem ganzen Körper aus. Ich war erschöpft. Meine Augen fielen sofort zu. Mitten in der Nacht wachte ich auf. Marie war unruhig und wälzte sich im Bett hin und her. Ihre Schmerzen waren offensichtlich stark. Ich versuchte, sie zu beruhigen. Irgendwann schlief ich wieder ein und erwachte erst spät am Morgen. Ich musste den Wecker vergessen haben, denn draußen schien bereits die Sonne. Es war ein herrlicher Novembertag. Der Morgentau und die Sonne zauberten ein kristallenes Funkeln auf die Dächer. Ich liebte diesen Anblick aus unserem Schlafzimmerfenster. Doch heute war er mir egal. Ich rieb mir die Augen und bemerkte dann, dass Marie nicht mehr neben mir lag.

Sofort war ich hellwach. Ich schlug die Decke zur Seite, um aus dem Bett zu steigen, lief ins Wohnzimmer und fand Marie auf dem Sofa sitzend. Sie hatte ihre Beine angezogen und fest umklammert, ihr Kinn lag auf ihren Knien und ihr Blick ging ins Leere. Ich setzte mich still neben sie, traute mich jedoch nicht, ihr näher zu kommen. Am Vortag hatte sie das nicht gewollt. Ich wollte sie nicht bedrängen, so schwer es mir auch fallen mochte.

»Wie geht es dir, mein Schatz?«, fragte ich behutsam.

Es kam keine Antwort. Langsam bekam ich Angst. Ich überlegte, Dr. Maiwald anzurufen. Doch auch das hatte Marie zuvor abgelehnt. Ich überlegte, ob ich es ohne ihr Wissen tun sollte. Schließlich ging es um ihre Gesundheit. Doch ich entschied mich dagegen, schließlich wäre das ein enormer Vertrauensbruch.

Also setzte ich mich in unser Büro und recherchierte. Las alles über Fehlgeburten, las Geschichten von betroffenen Familien, las medizinische Berichte, las Geschichten von Frauen und deren Gefühlen. Danach war mir einiges klarer. Ich verstand, was in Maries Körper passierte und noch besser, wie sie sich fühlte. Sie stand unter Schock. Das musste die Erklärung für ihren Zustand sein. Dies ging vielen Frauen nach einer Fehlgeburt so. Ich beschloss, für sie da zu sein, sobald sie es zuließ. Ich wollte ihr aber dennoch den nötigen Freiraum lassen, mit der Situation allein fertig zu werden.

»Liam, ich gehe jetzt zum Frauenarzt.«

Marie lehnte im Türrahmen. Ich stand auf und ging auf sie zu. Ihre Reaktion ließ mich spüren, dass es in Ordnung war, sie zu umarmen. Es war schön, wieder ihre Nähe zu spüren.

Ich küsste sie sanft auf ihr Haar und flüsterte: »Marie, ich bin immer für dich da. Wir schaffen das gemeinsam.«

Leise begann sie zu schluchzen.

»Darf ich mitkommen?«

Sie nickte und ich war unglaublich froh über diese Antwort.

Gemeinsam machten wir uns auf den Weg zu Dr. Maiwald. Wir beide wussten, dass dies einer unserer bisher schwersten Wege sein würde. Und der heutige Tag, war sicher nur der Anfang.

Der Frauenarzt untersuchte Marie. Er sprach dabei kein Wort. Wir spürten, dass dies auch für ihn keine leichte Situation war. Als er die Untersuchung beendet hatte, senkte er den Kopf und rang nach den richtigen Worten.

»Es tut mir so leid, aber es ist kein Herzschlag mehr zu sehen.«

Wir hatten dieses Szenario bereits erwartet und doch fühlten sich seine Worte wie ein Schlag in die Magengrube an. Uns beiden liefen still die Tränen und eine Welt brach für uns zusammen. Ich drückte Maries Hand noch etwas fester. Sie war wirklich gegangen. Unser Baby war nicht mehr bei uns.

Dr. Maiwald war sehr einfühlsam. Er erklärte uns, was in Maries Körper nun passierte. Das Baby hatte uns die

Entscheidung über weitere Eingriffe abgenommen. Wir ließen der Natur ihren Lauf. Marie wurde die nächsten Tage engmaschig überwacht, um zu sehen, ob weiter alles seinen natürlichen Gang nahm. Die Stimmung war bedrückt. Auch die sonst so freundlichen Arzthelferinnen wussten offensichtlich nicht recht, mit der Situation und mit uns umzugehen. Nur eine Arzthelferin kam auf uns zu, rieb Marie sanft den Rücken und flüsterte ihr, nur für uns beide hörbar ins Ohr: »Es tut mir so leid. Ich fühle euren Schmerz, ich habe ihn auch erlebt. Lasst ihn zu und traut euch, um euer Baby zu trauern.«

Das Leben hatte uns von einem auf den anderen Tag die Kontrolle aus der Hand genommen. Und dann wurde mir bewusst, dass es überhaupt keine Kontrolle im Leben gab. Manchmal geschahen Dinge, die nicht unter unserem Einfluss standen.

Diese Erkenntnis stürzte mich in ein tiefes Loch. Ich stellte mir immer wieder diese eine Frage: »Warum?« Auch Marie fragte sich immer wieder, ob sie hätte etwas anders machen können. Sie fühlte sich schuldig und es ging ihr jeden Tag schlechter. Sie schien Stück für Stück an der Situation zu zerbrechen und ich war nicht im Stande ihr zu helfen.

Ich fühlte mich jeden Tag wie im Nebel, der Druck in meinem Kopf ließ nicht mehr nach. Zudem wurde dieses Gefühl immer häufiger von Atemnot, Konzentrationsstörungen und Missempfindungen in den Beinen begleitet. Morgens erschien mir das Aufstehen wie eine unüberwindbare Hürde. Ich kämpfte jeden Tag ein bisschen mehr.

In der Arbeit ging es drunter und drüber. Es hagelte Absage nach Absage. Die Künstler fanden bessere Agenturen und Auftraggeber buchten uns nicht mehr. Ich war in einer Abwärtsspirale gefangen. An diesem Tag zitierte Max mich zu einem Gespräch. Wir trafen uns in einem der Meeting-Räume und schlossen die Tür hinter uns. Natürlich hatte Max und auch mein Team mein verändertes Verhalten bemerkt.

»Liam, was ist nur los mit dir?«

Wir waren in den letzten Monaten eng zusammengewachsen und mochten uns genauso sehr, wie früher schon. Es war schön, wieder einen guten Freund an meiner Seite zu haben. Doch in letzter Zeit hatte ich mich immer mehr von Max zurückgezogen, denn mein schlechtes Gewissen über meine mangelhaften Leistungen in der Agentur drohte mich zu erdrücken.

»Ich weiß es nicht, Max. Ich bin selbst verwirrt.«

Ich war nur ehrlich. Ich wusste selbst nicht, was gerade mit mir und meinem Leben passierte.

»Die Kunden und Künstler laufen uns davon. In deiner Sparte sieht es nicht gut aus. Wie kann ich dir helfen? Geht es dir nicht gut? Was hast du, Liam?«, versuchte Max mich zu erreichen.

»Ich weiß, und genau das bereitet mir schlaflose Nächte. Diese Agentur ist mir so wichtig. Es ist auch mein Traum und ich habe das Gefühl, dass mir alles aus den Händen fällt. Es lief so gut, bis jetzt…« Ich brach ab und stützte meinen Kopf schwer in meine Hände. Max spürte meine Verzweiflung.

»Liam, wir schaffen das. Ich helfe dir, wo ich nur kann. Du musst aber mit mir sprechen und nicht alles mit dir selbst ausmachen. Wir sind doch ein Team.«

»Du hast Recht, es tut mir leid. Es gibt da tatsächlich etwas, das ich dir gerne erzählen würde. Marie hatte eine Fehlgeburt. Es geht ihr nicht gut.«

Es war endlich ausgesprochen und es tat mir gut. Ich hatte mich bisher nicht getraut, Max von unserem Verlust zu erzählen. Doch ich musste endlich mit jemanden darüber sprechen.

Max wusste nicht genau, was er sagen sollte. Er wirkte sehr betroffen.

»Liam, das tut mir sehr leid. Ich bin für dich da, wenn du mich brauchst, mein Freund.«

Ich freute mich über Max Worte. Auch wenn Männer selten über das Thema Fehlgeburt sprachen und das Sprechen über Probleme in Männerfreundschaften ohnehin oft kein leichtes Unterfangen war, schien Max mich zu verstehen.

Ich wollte seinen Worten so gerne glauben. Denn ich wusste allein keinen Ausweg mehr. Es war alles grau in grau.

Wir trennten uns mit einem Gefühl der Hoffnung. Ich hoffte, dass es irgendwo einen Weg heraus aus der Verzweiflung gab.

Marie litt. Ich versuchte mein Bestes, um sie zu unterstützen, doch oft stieß ich an meine Grenzen, da auch ich mit mir kämpfte. Doch das heutige Gespräch mit Max hatte mir Energie gegeben und ich beschloss, heute Abend für Marie zu kochen.

Ich kaufte auf dem Nachhauseweg alles ein. Doch die Vorfreude, die ich sonst bei unseren Dates spürte, blieb aus. Es fühlte sich eher an, als würde ich nur funktionieren. Meine Hoffnung war jedoch, Marie etwas aufmuntern zu können. Denn sie zog sich immer mehr zurück. Als ich die Tür aufschloss, saß sie auf unserem Sofa und blickte nach draußen.

»Marie, mein Schatz. Hallo, wie war dein Tag?«, begrüßte ich sie liebevoll.

»Hallo Liam, es war okay.«

»Ich habe etwas eingekauft. Ich würde gerne für dich kochen.«

»Danke, aber ich habe keinen Hunger.«

Ihre Antwort fühlte sich wie ein Schlag ins Gesicht an. Sie war wie ausgewechselt. Sie schien seit der Fehlgeburt ein anderer Mensch zu sein und das Schlimmste war, dass sie nicht mit mir darüber sprach.

»Okay, sollen wir uns einen Film ansehen?«, versuchte ich es erneut.

»Keine Lust.«

Ich ließ sie in Ruhe und ging ins Ankleidezimmer, um mich umzuziehen. Ich zog mir etwas Warmes an und griff nach meiner Jacke.

»Marie, ich will noch eine Runde spazieren gehen. Ich bin bald wieder zurück.«

Ich versuchte erst gar nicht, sie zum Mitkommen zu bewegen. Ich wusste, sie würde nein sagen. Sie brauchte Zeit für sich.

»Okay«, antwortete sie leise.

Es war schwer für mich, sie in diesem Zustand zu sehen. Doch ich hatte die Hoffnung, dass die Zeit ihre Wunden heilte. Ich hatte das Gefühl, nicht genug für sie da zu sein und mein schlechtes Gewissen quälte mich. Ich war zerrissen zwischen Marie und meiner Arbeit. In beiden Lebensbereichen lief es gerade gar nicht gut.

Ich trat aus dem Hausflur in die kalte Nacht. Mein Atem ließ Nebel vor meinem Gesicht entstehen. Ich zog meine Schulter hoch zu den Ohren und fröstelte. Doch die Kälte tat meinem aufgewühlten Kopf gut. Ich ging in Richtung Schlosspark. Es war bereits Dezember und die Stadt war in ein Lichtermeer getaucht. Die Weihnachtsbeleuchtung in Berlin war traumhaft schön. Sie verzauberte jedes Jahr tausende von Touristen und auch mich. Doch in diesem Jahr lag für mich ein Schleier voller Trauer über dieser Zeit. Ich wusste, dass es wichtig war, mit jemanden darüber zu sprechen und doch war es mir nicht möglich. Es war, als ob ich dieses Gefühl, diese Trauer tief in meinem Inneren vergraben wollte, um sie nicht mehr fühlen zu müssen. Ich vermutete, Marie ging es genauso. Ich dachte über die letzten Wochen nach und überlegte, wie vergänglich doch alles im Leben war. Jeder Moment war so einzigartig und so kostbar. Alles, was wir hatten, war das Hier und Jetzt. Das Jetzt war die einzige Zeit, in der wir voll präsent sein sollten. Alles andere war sinnlos, denn die Vergangenheit war Vergangenheit und die Zukunft war noch nicht gekommen.

Plötzlich hörte ich die Stimme meiner Mutter in meinem Kopf: *„Liam, lass es zu. Du darfst traurig sein. Auch das gehört zu dir. Gib dich auch diesen Gefühlen hin und kämpfe nicht dagegen an. Es wird alles wieder gut."* Ich fühlte eine sanfte Wärme auf meiner Wange. Es fühlte sich an, als wäre sie hier bei mir.

Als ich unsere Wohnung betrat, war alles in Dunkelheit gehüllt. Marie war bereits ins Bett gegangen und ich tat es ihr gleich.

Die nächsten Wochen lebten wir nur nebeneinanderher. Wir waren kein Paar mehr, wir lebten wie Bruder und Schwester zusammen. Sicher waren wir uns noch vertraut, doch die Nähe fehlte. Ich lebte von Tag zu Tag. Max versuchte sein Bestes, um mich aufzumuntern. Er schleppte mich in die Bars, Restaurants und Stadtparks der Stadt, und sogar zum Joggen. Doch die Freude daran fehlte mir trotzdem.

Es kam Weihnachten, Silvester, ein neues Jahr begann. Meine Kraft schwand jeden Tag ein kleines Stückchen mehr, ich wurde schwächer. Ich hatte keinen Appetit und Essen war nur noch ein notwendiges Übel. Marie und ich litten still, jeder für sich. Wir redeten kaum mehr miteinander. Ich war mir nicht sicher, ob Marie wusste, wie es mir ging. Sie konnte nicht für mich da sein, denn sie kämpfte mit sich selbst. Sie schleppte sich jeden Tag in die Schule. Die Traurigkeit begleitete sie bei jedem Schritt. Unsere Seelen schienen auf dieser Welt nicht mehr zuhause zu sein.

Wir waren beide so sehr in diesen Tiefen des Lebens gefangen, dass wir keine Kraft hatten, wieder zurück ins Leben zu finden. Geschweige denn, zurück zu uns. Es war ein Teufelskreis.

In der Agentur wurde der Ton zunehmend rauer. Mir war es gesundheitlich nicht mehr möglich, Termine wahrzunehmen oder im Büro zu erscheinen. An manchen Tagen war es mir nicht einmal möglich, aus dem Bett aufzustehen. Marie bekam davon nichts mit. Doch mir war alles egal. Ich rasierte mich nicht mehr, ich duschte nicht mehr. Mein Telefon ließ ich einfach klingeln. Doch an diesem

Tag klingelte es unaufhörlich. Also beschloss ich, das Gespräch anzunehmen.

»Liam, endlich erreiche ich dich. Was ist los?«, hörte ich Max Stimme am anderen Ende der Leitung.

„Max, tut mir leid. Mir geht es nicht gut. Ich bin krank«, versuchte ich ihn zu beruhigen.

»Liam, du bist seit Tagen nicht erreichbar, Mann. Was hast du? Dein Team ist ohne Führung, in der Agentur geht es drunter und drüber. Du musst endlich wieder herkommen.«

»Ich kann nicht, Max.«

»Doch, das kannst du.«

»Ich kann nicht…«, flüsterte ich leise in den Hörer.

»So leid es mir tut, Liam, aber dann musst du aussteigen. Ich habe die letzten Wochen alles versucht. Mein Name ist das Aushängeschild dieser Agentur. Du ruinierst uns sonst beide.«

Er klang entschlossen. Und ich wusste, dass er Recht hatte. Er hatte die Agentur jahrelang aufgebaut, sich einen Namen in der Branche gemacht und hart für seinen Erfolg gekämpft. Ich konnte verstehen, dass er sich das von mir nicht zunichtemachen lassen wollte. Er war derjenige, der mir diese Chance gegeben und der mir sein Vertrauen geschenkt hatte. Ich war mir all dessen bewusst. Doch der Schmerz, den er mir mit seiner Entscheidung zufügte, bohrte sich tief in mein bereits geschundenes Herz. Es tat höllisch weh, dass er mich fallen ließ. Er war mein bester Freund und ich hätte ihn im Moment so dringend gebraucht.

Es gab tatsächlich nur eine Möglichkeit. Ich musste mich zurückziehen aus der Agentur.

»Ja, du hast Recht. Ich werde mich zurückziehen. Es tut mir leid.«

Mit diesen Worten beendete ich unser Gespräch und damit zerbrach ein weiterer Traum. Ein weiteres Puzzleteil zu meinem Glück war mir abhandengekommen. Zudem hatte ich meinen besten Freund verloren. Ich war gefangen in einem Abwärtsstrudel. Das musste endlich aufhören.

In diesem Moment hörte ich Marie zur Tür hineinkommen.

»Liam, hallo bist du da?«, fragte sie.

»Ja, ich bin da.«

»Was machst du hier, um diese Uhrzeit? Bist du nicht in der Agentur?«

»Heute nicht«, entgegnete ich knapp.

»Das trifft sich gut. Hast du Zeit zu reden, Liam? Ich wollte etwas mit dir besprechen.«

Ihr Tonfall ließ mich nichts Gutes ahnen. Marie musste etwas schwer auf dem Herzen liegen. So gut kannte ich sie.

»Ja, natürlich. Worum geht es denn?«

Ich ging zu ihr ins Wohnzimmer.

»Komm, setzen wir uns.«

Als wir auf der Couch saßen, holte Marie tief Luft und rang nach Worten. Dann platzte es aus ihr heraus:

»Liam, ich brauche eine Auszeit.«

Nun hatte ich endgültig die Kontrolle über mein Leben verloren.

13

Ich blieb still sitzen und ließ ihre Worte auf mich wirken.

»In Ordnung, Marie. Wenn du das so möchtest, muss ich es akzeptieren.«

»Liam, sieh mal. Wir sind doch bereits seit einigen Wochen kein Paar mehr. Ich fühlte mich von dir allein gelassen. Du warst nicht für mich da. Ich muss jetzt erst einmal wieder zu mir selbst finden.«

»Es tut mir so leid, Marie. Aber du musst wissen, dass ich dich trotz allem sehr liebe.«

Sie hatte natürlich Recht. Sie hatte in den letzten Wochen bereits mehrmals versucht, mit mir darüber zu sprechen. Doch ich war nicht aufnahmefähig und erst recht nicht in der Lage gewesen, etwas an der Situation zu ändern. Mir war es tatsächlich nicht möglich, für sie da zu sein, die Kraft hatte mir gefehlt. Es tat mir unendlich leid. Denn ich wusste, dass dies eine Phase in unserer Beziehung gewesen war, in der sie mich dringend gebraucht hätte. Sonst hatte Marie immer diesen Part für mich übernommen, sie war mein Anker, der Sonnenschein, das Licht und die positive Energie in unserer Beziehung gewesen. Sie hatte mir die Magie des Lebens wieder vor Augen geführt.

Doch nun fehlte mir sogar die Kraft zum Kämpfen. Sie wollte eine räumliche Trennung. Also war es an mir, das Feld zu räumen. Ich versprach ihr, bei einem Freund unterzukommen. Sie dachte dabei vermutlich an Max, da sie die Wahrheit über die aktuelle Situation in der Agentur nicht kannte. Ich schämte mich sehr und fühlte mich als Versager. Unser gesamtes Erspartes steckte in dieser Agentur und ich hatte alles vermasselt. Wir vereinbarten, für einige Wochen keinen Kontakt zu haben. Marie war der Meinung, dass dies besser für uns beide wäre. Ich stimmte ihr zu und die nächste Welt zerbrach.

Ich zog mich ins Schlafzimmer zurück, um meine Sachen zu packen. Ich überlegte fieberhaft, wohin ich gehen sollte. Max kam nicht in Frage. Ich hatte ein wahnsinnig schlechtes Gewissen, ihn enttäuscht zu haben. Mein Vater war ebenfalls keine Option. Wir hatten kaum noch Kontakt und unser Verhältnis war nicht das Beste. Meine alten Kollegen und Freunde fielen ebenfalls aus, mit Ihnen hatte ich seit meiner Kündigung nur sporadisch Kontakt gepflegt. Die einzige Möglichkeit bestand darin, in ein Hotel zu gehen. Ich gab alles, um stark zu bleiben vor Marie. Ich betrat mit meinem Koffer in der Hand das Wohnzimmer, Marie stand in der Küche. Die Atmosphäre war kühl, die Anspannung war deutlich zu spüren. Wir wussten beide nicht, wie wir uns verhalten sollten. Ich ging auf sie zu und schloss sie sanft in meine Arme. Doch ich ließ sie sofort wieder los, denn Marie machte keine Anstalten, meine Umarmung zu erwidern. Ich konnte diese Distanz zwischen uns kaum ertragen, also verabschiedete ich mich schnell und ging. Die Haustür fiel hinter mir ins Schloss und mein Herz zerbrach in tausend Stücke.

Den Weg nach unten nahm ich kaum wahr, danach lief ich wie in Nebel gehüllt durch Berlin. Der kühle Februarwind pfiff in meinen Ohren, doch ich fühlte nichts. Ich wählte ein Hotel am anderen Ende der Stadt. Ich fuhr mit der

U-Bahn in den Bezirk Treptow-Köpenick, denn unser Auto hatte ich Marie überlassen. Es war Ende Februar und eindeutig zu kalt, um mit dem Fahrrad unterwegs zu sein. Wir waren die letzten Wochen auf der Suche nach einem neuen Auto für sie gewesen, denn ihres hatte einen Motorschaden. Das war in Anbetracht des Alters ihres Wagens keine Überraschung, denn Marie fuhr dieses Auto bereits viele Jahre. Sie liebte es und sah keinen Grund dafür, sich ein neues anzuschaffen. Diese Eigenschaft war typisch für Marie. Sie liebte das Einfache, war dankbar für das, was sie hatte.

Ich stieg an der U-Bahn-Station Köllnischer Platz in Köpenick aus, denn ich hatte mich an ein gemütliches, kleines Hotel in diesem Bezirk erinnert, in dem vor einigen Jahren ein Kollege übernachtet hatte. Ich buchte mir ein Zimmer für unbestimmte Zeit. Ich hatte Glück, denn in dieser Jahreszeit war keine Hochsaison in der Stadt. Der freundliche Rezeptionist überließ mir das Zimmer zu einem fairen Preis. Ich konnte so lange bleiben, wie ich wollte. Diese Tatsache nahm mir eine große Last von den Schultern. Ich betrat das kleine, aber sehr schöne Einzelzimmer im 1. Stock des Hotels. Gemütliche, aber dennoch moderne Elemente wie nordische Stehlampen und Stühle verliehen dem Zimmer eine elegante Note. Doch mein Highlight waren die unzähligen Bücher, die man sich aus den Regalen des Zimmers nehmen konnte. Überhaupt erinnerte das gesamte Hotel an eine gemütliche, aber dennoch moderne und stillvolle Bibliothek. Unter anderen Umständen wäre der Aufenthalt hier sicher eine wunderschöne Erfahrung für mich geworden.

Ich setzte mich erschöpft aufs Bett. Und dann wurde mir bewusst, was hier gerade passierte: Mein Leben zerfiel in tausend Scherben. Ich hatte meinen beruflichen Traum aufgegeben, ich hatte meine Frau verloren, um meine Gesundheit stand es nicht zum Besten, ich hatte meine Wohnung verloren und ich hatte niemanden, zu dem ich gehen konnte. Ich hatte komplett die Kontrolle über mein Leben verloren. Diese Erkenntnis traf in diesem Moment mit voller Wucht mein Bewusstsein.

Mein Magen rebellierte, mein Sichtfeld schränkte sich ein. Helle Punkte begannen vor meinen Augen zu flackern, mein Puls raste, mein Körper produzierte kalten Schweiß und dann wurde plötzlich alles schwarz. Ich hatte das Gefühl, in ein tiefes schwarzes Loch zu fallen.

Als ich wieder zu mir kam, wusste ich nicht, wo ich war. Ich rieb mir die Augen, mein Kopf dröhnte und meine Kleidung war völlig durchgeschwitzt. Ich sah mich um. Ich lag in der Dunkelheit auf einem Bett. Langsam kam meine Erinnerung zurück, die es mir ermöglichte, mich zu orientieren. Ich setzte mich im Bett auf und betrachtete das Hotelzimmer. Die Realität holte mich wieder ein. Es war tatsächlich wahr, es war kein Traum gewesen. Ich hatte alles verloren, was mir jemals im Leben wichtig gewesen war. Das schmerzhafteste war jedoch die Trennung von Marie. Sie war mein Leben und das Beste, was mir je passiert war. Ich konnte mich nicht mehr länger beherrschen, weinte bittere Tränen der Trauer, des Schmerzes, der Hilflosigkeit, der Ohnmacht und der Scham. Noch nie in meinem Leben hatte ich mich so nutzlos und leer gefühlt. Es tat gut, alles loszulassen und sich ganz dem Schmerz hinzugeben.

Die nächsten Tage erlebte ich wie in einem Traum. Ich musste mich immer wieder kneifen, um zu begreifen, dass dies alles gerade tatsächlich passierte. Ich war nicht im Stande, das Hotelzimmer zu verlassen. Ich orderte mir zweimal täglich meine Mahlzeiten aufs Zimmer. Ansonsten lag ich im Bett. Manchmal mit offenen Augen, manchmal mit geschlossenen Augen. Immer wieder überrollten mich Wellen der Angst. Ich überlegte, einen Arzt aufzusuchen, doch auch dazu war ich zu kraftlos. Tief im Inneren wusste ich bereits, dass ein Arzt mir nicht würde helfen können. Ich erinnerte mich an das Gespräch mit Herrn Dr. Brandt. Seine Worte werde ich nie vergessen. Er hatte Recht gehabt, dessen war ich mir bewusst. Allerdings hatte ich keine Idee, wie ich aus dieser Katastrophe dieses Mal, je wieder zurück ins Leben finden sollte. Alles lag in Trümmern. Und all mein Wissen brachte mir nichts, denn mir fehlte es an der Kraft für die Umsetzung.

Ich sah aus dem Fenster und verfolgte den Wandel der Jahreszeiten. Einige Male war ich bereits nach draußen gegangen. Den Bezirk Treptow-Köpenick umgab eine wunderschöne, weitläufige Naturlandschaft. Der nahegelegene Müggelsee, eingerahmt von einer üppigen grünen Landschaft, war atemberaubend. Hier konnte man Natur pur erleben. Ich genoss die Ruhe in den Müggelbergen und um den See. Die Tage wurden langsam spürbar länger. Die Bäume und Blumen zeigten die ersten Knospen, die Vögel zwitscherten am Morgen, die Luft roch nach Frühling und die Sonnenstrahlen kitzelten immer öfter meine Nase, wenn ich das Fenster weit öffnete. Die Schönheit dieser Jahreszeit, das Erwachen des Lebens nach dem Winter, ging in diesem Jahr an mir vorüber. Ich konnte sie nicht genießen.

Meine Gedanken kreisten ständig, meist um die Vergangenheit, aber immer öfter auch um die Zukunft. Denn langsam aber sicher wurde mein Geld knapp. Ich schlief und aß bereits mehrere Wochen im Hotel, was nicht ganz billig war. Ich verdiente nichts mehr und unser Erspartes hatte ich in die Agentur gesteckt. Wir verfügten immer noch über zwei getrennte Konten sowie über ein gemeinsames Haushaltskonto. An Maries Konten konnte ich natürlich nicht gehen und auch unser Haushaltskonto war tabu. Ich musste mir überlegen, wie es weitergehen sollte. Mit Marie hatte ich, wie von ihr gewünscht, die letzten Wochen keinen Kontakt gehabt.

Langsam wurde mir klar, dass ich nicht länger im Hotel bleiben konnte. Diese Erkenntnis bescherte mir eine erneute Panikattacke. Ich kannte das bereits und ließ es geschehen. Ich wunderte mich selbst, mit welcher Ruhe ich diese Attacken mittlerweile annahm und ertrug. Allerdings war mein Körper danach stets unglaublich erschöpft. Auch jetzt sank ich wieder in einen unruhigen Schlaf.

Am nächsten Morgen machte ich mich auf in die Stadt, um mir Verpflegung für ein paar Tage, einen Schlafsack, ein Zelt und eine Luftmatratze zu besorgen. Ich konnte nicht glauben, was ich da gerade tat. Doch ich sah keinen anderen Ausweg, ich konnte mir eine weitere Nacht in einem Hotel einfach nicht leisten. Zudem wusste ich immer noch nicht, wohin ich gehen sollte. Bepackt mit allen lebensnotwendigen Utensilien machte ich mich auf den Rückweg zum Hotel. Dort angekommen, packte ich meinen Koffer und verließ mein Zimmer. Ich bedankte mich bei dem freundlichen Rezeptionisten und verabschiedete mich. Wir hatten uns in den vergangenen Wochen ab und an miteinander unterhalten, doch die Wahrheit kannte er nicht.

Ich machte mich auf den Weg zum Müggelsee. Ich liebte die Natur und war mir sicher, dort einen Zeltplatz für einige Tage zu finden. Es fühlte sich an, wie ein kleines Abenteuer. Ich wählte bewusst diesen Ort weit weg vom Großstadttrubel. Ich wollte nicht, dass mich irgendjemand erkannte, denn ich schämte mich unglaublich für meine Lage. Ich lief mit meinem Koffer durch den Müggelpark. Hier war ich bereits einige Male bei meinen Ausflügen an die frische Luft gewesen. Es war schön in diesem Park. Er war nicht besonders groß, aber es gab gepflegte Rasenflächen und eine Uferpromenade mit Blick über den See. Hier gab es Bänke und ausreichend Rückzugsmöglichkeiten hinter Bäumen und Büschen. Ich suchte mir einen geeigneten Platz für mein Zelt, obwohl ich mir gar nicht sicher war, ob zelten im Park erlaubt war. Jedoch konnte ich mich hier gut verstecken, denn der Park war um diese Jahreszeit nicht überlaufen. Ich war froh, dass die Temperaturen es bereits zuließen, im Freien zu übernachten. Nun war ich obdachlos. Tiefer konnte ich wahrscheinlich nicht mehr fallen. Doch da ich zum jetzigen Zeitpunkt keine Möglichkeit sah, etwas an meiner Situation zu ändern, beschloss ich, sie anzunehmen, wie sie war. Ich wartete bereits auf die nächste Panikattacke. Doch nichts geschah.

An einer freien Stelle, geschützt hinter ein paar Büschen, stellte ich meinen Koffer ab. Ich begann, mein Zelt aufzuschlagen und es einzurichten. Als es fertig war, betrachtete ich mein Werk. Es war, unter den gegebenen Umständen, tatsächlich richtig gemütlich geworden. Es dämmerte bereits. Durch die Büsche konnte ich den See sehen. Es war ein malerisches Naturschauspiel, den Sonnenuntergang über dem Wasser zu beobachten. Der Himmel war in ein wunderschönes Farbenspiel getaucht, er leuchtete in gelb, rot und blau. Ich war verzaubert von diesem Anblick, der mich alles vergessen ließ, und saß wie gebannt vor meinem Zelt. Über meinen gesamten Körper breitete sich eine Gänsehaut aus. Ich fühlte mich so klein, im Angesicht dieses Naturerlebnisses und fühlte gleichzeitig Dankbarkeit. Ich war dankbar für diesen Augenblick. Ich war ganz im Hier und Jetzt. Ich war in Frieden. Mitten im größten Sturm meines Lebens saß ich hier in tiefem Frieden, der sich Welle für Welle in meinem ganzen Körper ausbreitete. Ich konnte nicht fassen, dass dies möglich war. Tränen der Freude liefen mir über die Wangen. Ich war mir nicht sicher, ob ich diesen Frieden jemals zuvor in meinem Leben gefühlt hatte. Ich war mir nicht einmal sicher, ob ich mich selbst jemals gespürt hatte. So saß ich noch eine Weile nur da.

Doch plötzlich schoss mir eine Erinnerung in den Kopf. Ich sah meine Mutter und mich, eingekuschelt in einem von Lichterketten beleuchteten Zelt, im Garten liegen. Sie nahm mich liebevoll in den Arm, strich über mein Haar und sah mit mir zu den Sternen hinauf. Das Zelt hatte ein Himmelsfenster, wie meine Mutter es nannte. Meine Erinnerung war in diesem Moment so greifbar, dass ich mich wieder wie ein Kind fühlte. Ich konnte jedes Detail vor meinem inneren Auge sehen. Ich roch ihr Parfüm, fühlte ihre Nähe und fühlte ihre Liebe, die mich wie ein Schleier sanft umhüllte. Diese unendliche Liebe ließ mir erneut die Tränen in die Augen steigen.

Und dann hörte ich ihre Stimme, als würde sie direkt in mein Ohr flüstern: *»Liam, mein Engel, bitte hör nicht auf zu träumen. Du bist geboren, um den Menschen Frieden und Licht zu bringen. Du kannst alles schaffen, wenn du nur wagst, daran zu glauben. Ich werde immer bei dir sein.«*

In diesem Moment flog eine Sternschnuppe über den Himmel.

14

Ich erwachte vom Zwitschern der Vögel und brauchte einen Moment, um mich zu orientieren. Ich hatte in dieser Nacht erstaunlich gut geschlafen. Mein Schlafsack war warm und gemütlich. Ich öffnete den Reißverschluss des Zeltes ein Stückchen, um hinauszusehen. Es war bereits hell, doch der Park war noch menschenleer. Der See war in ein weiches, warmes Licht getaucht. Ich kroch aus dem Zelt und streckte meine Glieder aus. Die Luft roch wunderbar nach Frühling. Ich genoss es, mitten in der Natur aufzuwachen und rührte mir einen Instant-Café in mein stilles Wasser. Vorsichtig begann ich zu kosten. Rückblickend würde ich behaupten, das war der Moment, indem ich mich entschieden hatte, auf meine tägliche Koffeinzufuhr zu verzichten. Ich stellte das Gebräu beiseite und nahm mir ein Milchcroissant.

Meine Gedanken wanderten zum Vorabend zurück. Ich spürte in mich hinein. Das tiefe Gefühl von Frieden war immer noch in mir. Umso mehr ich mich darauf konzentrierte, desto spürbarer breitete sich der Frieden in meinem Inneren aus. Hier in der Natur fühlte ich mich schlagartig besser. Den Tag verbrachte ich damit, mir die Umgebung rund um den Park anzusehen. Ich hatte keine Bedenken, mein Zelt und dessen Inhalt unbeobachtet zurückzulassen. Es war ohnehin nichts Wertvolles darin zu finden.

Ich ließ mich auf einer Bank nieder und beobachtete die Menschen, die im Park spazieren gingen, auf Bänken saßen oder Sport trieben. Ich beobachtete ihre Mimik und ihre Körpersprache und überlegte, über was sie wohl sprachen oder was sie gerade bewegte. Ich sah lachende, spielende Kinder und studierte den liebevollen Blick ihrer Mütter, die ihnen dabei zusahen. Mich überkam ein tiefes Glücksgefühl. Wie sehr ich die Menschen und ihre Geschichten liebte! Das spürte ich nach langer Zeit gerade zum ersten Mal wieder sehr intensiv.

Ich dachte an unser eigenes kleines Mädchen. Überlegte mir, wie sie wohl ausgesehen hätte und wie sie gewesen wäre. *Hätte sie mehr von mir oder mehr von Marie gehabt? Sicher hätte sie braune Haare gehabt, wie wir beide. Wären ihre Augen blau oder braun gewesen?* Traurig dachte ich auch an Marie. Ich fragte mich, wie es ihr gerade ging. Und ob sie auch manchmal an mich dachte. Ich wünschte ihr so sehr, dass sie den Verlust überwinden konnte und wieder zu dieser fröhlichen, optimistischen, wunderschönen, strahlenden Frau wurde, die alle Menschen mit ihrem Wesen verzauberte. Ich vermisste Marie sehr und hoffte aus tiefstem Herzen, dass sich unsere Wege irgendwann wieder kreuzen würden.

Ich war so in meine Gedanken versunken, dass ich nicht bemerkt hatte, dass es bereits langsam Abend wurde. Der Park leerte sich, die Dämmerung brach ein und ich machte mich auf den Rückweg zu meinem Zelt. Ich entschied, an der Uferpromenade entlangzugehen, um den Blick über den See genießen zu können. Das Wasser war schon immer mein Element gewesen. Hier fühlte ich mich wohl und hier kam ich zur Ruhe. Ich hatte wohl intuitiv den richtigen Platz für mich gewählt. Ich blieb stehen und ein wunderbares, wohliges Gefühl floss wie aus dem Nichts durch meinen Körper, als ich einen Stein über das Wasser springen sah. Ich war überrascht, in welcher Perfektion der Stein immer wieder auf dem Wasser aufsetzte und abhob. Ich sah mich um und plötzlich stand direkt neben mir ein kleines Mädchen. Sie war wunderschön. Sie hatte langes braunes Haar, das ihr bis zu den Schultern reichte, braune strahlende Augen und ein bezauberndes Lächeln. Es war niemand sonst in der Nähe.

»Hallo!«, sagte die Kleine fröhlich.

»Hallo!«, antwortete ich ihr verblüfft.

»Magst du es auch mal versuchen?«, fragte sie mich und hielt mir einen Stein entgegen.

Ich nahm den Stein und versuchte mein Glück. Der Stein sprang über das Wasser. Er bildete bei jeder Berührung mit dem Wasser große Kreise, die mit jedem weiteren Hüpfen kleiner wurden. Bereits als Kind hatte ich es geliebt, stundenlang Steine über das Wasser springen zu lassen. Es faszinierte mich jedes Mal wieder aufs Neue, wie es möglich war, dass der schwere Stein mit so viel Leichtigkeit über das Wasser tanzte und nicht unterging. Heute wusste ich, dass die Geschwindigkeit und die Rotation des Steins für den Erfolg entscheidend waren. Das Wasser hatte bei der hohen Geschwindigkeit keine Möglichkeit, um den Stein herumzufließen, so wurde er am Untergehen gehindert. Dennoch war es ein faszinierendes Naturschauspiel.

»Gut gemacht!«, lobte mich das kleine Mädchen. »Ich bin übrigens Lilli, und du?«

»Ich heiße Liam. Schön, dich kennenzulernen. Bist du ganz allein hier?«

Ich schätzte ihr Alter auf ungefähr fünf Jahre und mir kam es etwas ungewöhnlich vor, dass sie in der Dämmerung so allein unterwegs war.

»Ja, aber das ist kein Problem.«

»Vermissen dich deine Eltern denn nicht?«

»Ich komme immer wieder zurück. Und du, was machst du hier?«

Ich fand, dass dies eine ungewöhnliche Antwort für ein kleines Mädchen war, aber ich beließ es dabei.

»Ich mache einen Spaziergang.«

»Schon den ganzen Tag?«, fragte sie mich unverblümt ehrlich.

»Wie meinst du das?«, fragte ich irritiert.

»Du bist schon den ganzen Tag hier im Park.«

Sie sah mich herausfordernd an. Nun war ich völlig überrumpelt. *Woher um alles in der Welt weiß, dieses kleine, niedliche Wesen das?*

»Woher weißt du das?«

»Ich habe dich gesehen.«

»Bist du etwa auch schon den ganzen Tag hier?«

»Ja, so könnte man es sagen.«

Wieder irritierte mich ihre Antwort etwas.

»Ich denke, es ist besser, wenn du dich langsam auf den Nachhauseweg machst.«

»Du hast Recht. Schlaf gut und träum etwas Schönes.«

Sie ging lachend davon, bevor sie noch hinzufügte:

»Ich würde auch gerne mal in einem Zelt übernachten.«

Ich sah ihr kopfschüttelnd hinterher, bis sie aus meinem Blickfeld verschwunden war. Sie wusste offensichtlich über alles Bescheid. Wie kann das sein? Ich hatte sie noch nie zuvor gesehen. Dieses kleine Mädchen wäre mir sicher aufgefallen. Ich hatte sie weder am Morgen noch über Tag irgendwo in meiner Nähe bemerkt.

In dieser Nacht schlief ich unruhig. Das kleine Mädchen, ging mir nicht mehr aus meinem Kopf.

Die nächsten Tage war ich öfter in der Umgebung unterwegs und lernte andere Obdachlose kennen. Das Leben auf der Straße war für mich nie vorstellbar gewesen. Doch nun war ich selbst hier. Ich war so schnell in diese Situation gekommen, wie ich es mir nie hätte vorstellen können. Jetzt wurde mir auch bewusst, wie schnell dies gehen konnte, wenn man in einer Abwärtsspirale des Lebens feststeckte. Und ich erkannte, wie schnell man als Obdachloser abgestempelt wurde von unserer Gesellschaft. Ich war zum jetzigen Zeitpunkt noch nicht als typischer Obdachloser zu erkennen. Meine Kleidung war leger, doch noch nicht abgenutzt. Ich traf viele Menschen, denen es sehr viel schlechter ging als mir. Also begann ich, einige meiner noch vorhandenen Kleidungsstücke an diese Menschen zu verteilen. Ich gab alles her, was ich entbehren konnte. Viele dieser Schicksale berührten mich sehr. Leider lebten einige bereits so lange auf der Straße, dass sie jede Perspektive auf Besserung verloren hatten. Sie versanken im Frust, in der Sucht, in der Aggression. Ich lernte schnell einzuschätzen, von wem ich mich lieber fernhalten sollte. Doch auch jene, die bereits zu tief am Abgrund lebten, verdienten mein tiefes Mitgefühl. Ich hoffte auch für sie, dass sie den Weg zurückfanden.

Ich hörte Geschichten, die ich nie für möglich gehalten hätte. Ich hörte von Mitmenschen, die diese Bevölkerungsgruppe behandelte, als wären sie Menschen zweiter

Klasse. Ich hörte sogar von Übergriffen. Ich hätte es nicht für möglich gehalten, dass dies in der heutigen Zeit, in unserer heutigen Gesellschaft möglich war. Doch das war es und diese Tatsache machte mich unendlich traurig. Manche Menschen – leider auch Menschen in meinem bisherigen Umfeld - behandelten andere, die in ihren Augen nicht auf dem gleichen Niveau waren, sei es aufgrund der Bildung, des Familienhintergrunds, der Nationalität oder der Religion, von oben herab. *Wie kann ein Mensch denken, über einem anderen zu stehen, wenn wir doch alle eins sind?* Diese Frage hatte mich bereits als Kind beschäftigt. In meinen Texten hatte ich schon ein manches Mal versucht, dieser Frage auf den Grund zu gehen.

Ich war dankbar, diesen Menschen helfen zu können. Ich fand Erfüllung darin, obwohl es mir selbst nicht besonders gut ging. Es war erstaunlich, welche Lebensfreude und Energie mir hierdurch geschenkt wurde.

So vergingen die Tage. Doch ich verlor nie den Lebensmut und die Hoffnung auf ein besseres Morgen. In meiner dunkelsten Phase, in den Tiefen des Hotelzimmers, während meiner immer wiederkehrenden Panikattacken, hatte ich ein manches Mal versucht, mich mit Alkohol zu betäuben. Doch zum Glück hatte ich schnell gemerkt, dass dieses Hochgefühl nur von kurzer Dauer war. Die negativen Gefühle kamen immer wieder schmerzhaft zurück und mit ihnen die Erinnerungen. Also beschloss ich, dies zu unterlassen. Die Gedanken an die Zukunft schob ich oft beiseite. Ich musste mir erst klar darüber werden, was ich mit dem Rest meines Lebens anfangen wollte.

An diesem neuen Morgen wurde ich erneut vom Vogelzwitschern geweckt. In diesem Moment wurde mir bewusst, wie schön es war, keinen Zeitdruck zu haben. Mir war es das erste Mal in meinem Leben möglich, einfach in den Tag hineinzuleben. Ich musste nirgendwo hin, konnte tun und lassen, was ich wollte. Dies war zwar die vergangenen Wochen bereits so gewesen, doch mein Zustand hatte es nicht zugelassen, dies überhaupt wahrzunehmen.

Ich besaß so gut wie nichts mehr, außer etwas Kleidung und mein Zelt. Aber diese Tatsache störte mich überhaupt nicht. Nicht einmal ein funktionierendes Handy besaß ich mehr. Denn hier im Park war es unmöglich, es aufzuladen. Zudem vermisste ich es auch nicht. Ich wunderte mich über mich selbst. Früher waren meine Gedanken häufig um meinen Besitz und um meinen Verdienst gekreist, vermutlich wie bei den meisten Menschen aus einem Mangeldenken heraus. Doch jetzt spürte ich, dass Besitz diesen inneren Mangel nur kurzzeitig befriedigen konnte. Jetzt spürte ich stattdessen diese große Dankbarkeit, wenn ich nur auf diesen wunderschönen See blickte.

Endlich gelang es mir, meine Gedanken zu beruhigen und in die Stille zu gehen. Ich fühlte mich endlich wieder mit mir selbst verbunden. Das hatte mir meine Mutter beigebracht. Ich erinnerte mich daran, dass sie mir immer wieder gesagt hatte, dass ich mich in der Stille mit mir und dem Universum verbinden konnte. So war es mir als Kind möglich gewesen, auch im Alltag besser auf meine Intuition und meinen Körper zu hören. Ich hatte es jedoch auf dem Weg zum Erwachsenwerden zuerst verlernt und schließlich vergessen. Marie war es gewesen, die mich wieder daran erinnert hatte. Doch oft war das Leben einfach zu laut und die Ablenkung in der Außenwelt zu groß gewesen. Ich hatte mich vom Strudel der Leistungsgesellschaft mitreißen lassen. Viel zu häufig war dies für mich der einfachere Weg gewesen, so hatte ich mich nicht mit mir selbst beschäftigen müssen. Doch jetzt beruhigte die Stille meinen Geist. Ich musste wohl erst in diese Lage kommen, um das zu erkennen. Das Leben war eine faszinierende Reise. Ich hatte das Gefühl, meine Gedanken würden fliegen.

Gerade dachte ich im Stillen, wie schön es wäre, nun Musik zu hören, als ich plötzlich leise Gitarrenklänge wahrnahm. Im ersten Moment dachte ich, mein Gehirn würde mir einen Streich spielen. Doch dann sah ich in einiger Entfernung, einen jungen Mann auf einer Bank sitzen. Ich sah seine Silhouette nur von hinten, doch ich konnte die Gitarre auf seinem Schoss erkennen. Seine Musik zog mich sofort in ihren Bann und ich beschloss, zu ihm hinüberzugehen.

Er sang und spielte Gitarre dazu und mein Körper reagierte mit Gänsehaut. Er hatte großes Talent. Gleichzeitig wurde ich das Gefühl nicht los, diese Stimme schon einmal gehört zu haben. Ich hörte ihm aus einigen Metern Entfernung zu, um ihn nicht zu erschrecken. Als er sein Lied beendet hatte, ging ich zu ihm und spendete ihm Beifall.

Er drehte sich überrascht um, unsere Blicke trafen sich. Kurz herrschte Stille, die gleich darauf von einem herzerwärmenden Lachen gebrochen wurde. Vor mir saß, Mika.

Er war es, der mir damals den Impuls gegeben hatte, meinen Träumen zu folgen. Er war es, der bei mir gewesen war, als Maries Anruf mir die schlimmste Nachricht meines Erwachsenendaseins überbrachte. Er war es, der jetzt, an diesem Tiefpunkt in meinem Leben, die Musik wieder zu mir brachte.

Ich konnte es nicht glauben. Es war magisch.

»Liam, das gibt es doch nicht!«, prustete Mika lachend.

»Ja, das ist wirklich unglaublich.«

Ich klopfte ihm leicht auf die Schulter.

»Wie geht es dir? Was verschlägt dich am frühen Morgen hierher?«

»Das Leben, Liam.«

Seine Stimmung schwankte sichtlich. Ich bemerkte seinen Wandel sofort. Er überspielte seine spürbare Traurigkeit mit einer schnellen Gegenfrage.

»Und du? Was machst du hier, an einem ganz normalen Dienstagmorgen?«

»Das Leben, Mika.«

Meine Antwort brachte ihn sichtlich aus dem Konzept. Er sah mich nachdenklich an und deutete auf den Platz neben sich. »Komm, setz dich.«

Ich nahm das Angebot gerne an.

»Es tut mir leid, dass ich nichts mehr von mir hören ließ, Mika. Und es tut mir leid, dass ich unser Meeting so abrupt beendet habe. Doch es gab leider einen familiären Notfall, der mein Leben komplett verändert hat. Ich bin nicht mehr bei der Musikagentur tätig. Aber ich gehe davon aus, dass dich mein Partner gut aufgenommen hat und dich sehr gut unterstützen kann?«, erklärte ich ihm schuldbewusst. Mein fragender Blick ruhte auf ihm.

Er brauchte einen Moment, um zu antworten. »Es ist okay, Liam. Das tut mir sehr leid für dich. Ich weiß, du gehörst zu den Guten.«

Er machte eine kurze Pause und sah zu Boden. Die folgenden Worte schienen ihm nicht leicht zu fallen.

»Leider waren meine weiteren Erfahrungen mit eurer Agentur nicht sehr gut. Dein Partner, ich glaube sein Name war Max, vertritt andere Ansichten als du und er verfolgt andere Ziele. Ich hatte das Gefühl, der Mensch zählt nicht besonders viel. Leider wurden wir uns nicht einig.«

Ich war geschockt über den Inhalt seiner Worte. *Habe ich mich in Max getäuscht?* Es konnte gut sein, dass ihn der Druck der Branche zu einem anderen Menschen machte. Ich hatte das selbst in meinem alten Job erlebt. Es stimmte mich nachdenklich und es tat mir sehr leid für Mika. Denn er hatte großes Talent. Für ihn wäre die Agentur eine gute Chance gewesen, hätte ihm wahrscheinlich sogar einen Durchbruch als Musiker verschafft. Es ganz allein, ohne Unterstützung zu schaffen war möglich, jedoch war dieser Weg viel aufwändiger und steiniger. Die meisten Künstler scheiterten an ihrem mangelnden Durchhaltevermögen oder an Selbstzweifeln und irgendwann verließ sie in der Regel die Hoffnung oder der Glaube an sich selbst.

Aus genau diesem Grund hatte meine Arbeit in der Agentur mich auch so erfüllt. Ich konnte Menschen helfen, weiter an ihre Träume und ihr Talent zu glauben.

Leider war dies nur möglich, solange auch ich an mich selbst glaubte. Doch irgendwann auf dem Weg hatte ich damit aufgehört an mich, mein damaliges Team und meinen Erfolg zu glauben. Das wurde mir in diesem Moment klar und ein weiteres Puzzleteil der Erkenntnis fand seinen Platz. Ich war dankbar für diese neue Einsicht.

Ich sah Mika an. »Das tut mir leid. Hast du eine andere Agentur gefunden?«, fragte ich ihn voller Hoffnung.

»Leider nicht. Ich bin wohl nicht sehr gefragt. Jetzt spiele ich eben weiter nur für mich. Und natürlich für die Menschen auf der Straße.«

Man konnte seine Liebe zur Musik deutlich fühlen. Er wollte den Menschen mit seiner Musik ein gutes Gefühl geben, sie berühren. Dieses Ziel hatte ich in meiner Jugend mit meiner Musik auch verfolgt. Ich wollte Menschen bewegen, sie dazu inspirieren ihren eigenen Weg zu gehen.

»Was machst du sonst noch, wenn du nicht gerade Musik machst, Mika?«

»Nichts.«

Sein Blick war starr auf den See gerichtet.

»Nichts?«, wiederholte ich. »Wie meinst du das?«

»Ich lebe für die Musik. Etwas anderes will ich nicht tun.«

Diese Selbstsicherheit, die er plötzlich ausstrahlte, machte mich sprachlos. Ich bewunderte ihn für seinen Mut. Er wusste genau, was er im Leben wollte, ging keine Kompromisse ein und ließ sich von außen nicht beirren. Sicherlich plagten ihn ab und an Selbstzweifel, doch in der Tiefe seines Herzens schien er seinen Weg und seine Bestimmung zu kennen.

»Das ist stark, Mika. Wow, ich bewundere dich dafür.«

»Danke, aber es ist nicht immer einfach.«

»Das glaube ich dir.«

Er holte tief Luft. Ich konnte ihm ansehen, dass er mit sich rang. Ich hatte das Gefühl, er wollte mir etwas erzählen.

»Weißt du, Liam. Ich lebe hier.«

Wir schwiegen eine Weile und blickten auf den See. Es war keine unangenehme Stille, es war eine wohltuende Stille. Es gab Menschen, mit denen im Stillen so viel Verbundenheit entstand, dass es einen mit Liebe einhüllte. Mika war für mich so ein Mensch. Uns beide verband vieles und das wurde uns beiden spätestens in dem Moment bewusst, als ich die Stille mit meinen Worten brach.

»Ich auch, Mika.«

15

Das erste Mal erzählte ich jemandem von der dunkelsten Phase meines Lebens. Doch erstaunlicherweise fühlte ich mich bei Mika sicher. Ich war überzeugt davon, dass er der richtige Mensch war, um darüber zu sprechen.

Wir sahen uns an und konnten die Situation beide selbst nicht fassen. Es war zum Weinen und zum Lachen zugleich. Es war eine solche Ironie des Lebens, dass keine Reaktion sie zu fassen vermochte.

Mika stand auf.

»Komm mit, Liam. Ich möchte dir etwas zeigen.«

Ich folgte ihm fast bis zum Ende des Parks. Mika lief in die andere Richtung des Parks, wir liefen nun direkt auf den Spreewaldtunnel zu.

»Mika, wo willst du hin?«

»Komm mit, du wirst es gleich sehen.«

Wir gingen durch den langen Tunnel, der die Müggelspree unterquerte. Die Spree floss genau an diesem Punkt in den großen Müggelsee. Dieser Tunnel war einzigartig, wenn man bedachte, dass er unter dem Wasser verlief. Als wir auf der anderen Seite ankamen, hatte ich das Gefühl, eine andere Welt zu betreten. Wir standen nun mitten im Wald und ich blieb beeindruckt stehen. Hier war ich noch nie gewesen. Die Sonne suchte sich ihren Weg durch die Baumwipfel und tauchte den Wald in ein farbenfrohes Lichtspiel. Alles leuchtete im satten Grün des beginnenden Sommers. Nach einer Weile des Schweigens deutete Mika in Richtung Wald.

»Hier entlang.«

Ich folgte ihm. Sanfte Wellen rollten ans Ufer des Müggelsees, vereinzelt lagen Baumstämme im Sand. Es war ein malerisches Bild. Nun ging er ein Stück in den Wald hinein. Meine Spannung stieg und ich fragte mich, wohin er mich führen wollte. Wir gingen einige Zeit schweigend nebeneinanderher, es war ein wunderbar entspannender Spaziergang. Der See war immer noch zu sehen, doch nun nahmen wir einen schmalen Pfad der tiefer in den Wald hineinführte. Plötzlich blieb Mika stehen.

»Willkommen in meinem Reich!«

Ich sah mich um und erblickte ein kleines Zelt mit schönem Vordach. Es hingen kleine Lampions am Eingang, eine Wäscheleine war gespannt und es gab sogar eine Kochstelle mit Baumstämmen als Sitzgelegenheit. Ich sah Mika an und er erwiderte meinen Blick. Wir verstanden uns völlig ohne Worte.

»Möchtest du etwas zu trinken?«, fragte Mika, als wäre es die selbstverständlichste Frage auf der Welt.

»Gerne.«

Wir setzten uns auf einen großen Baumstamm, der unweit des Zeltes lag.

»Mika, wie lange lebst du bereits hier?«

»Schon eine ganze Weile. Meist bleibe ich einige Zeit an einem Ort und ziehe dann weiter. Der See gefällt mir sehr gut. Hier bin ich ungestört, aber trotzdem noch zentral genug, um unter Menschen gehen zu können. Ich genieße die Natur hier sehr.«

»Wie ist es dazu gekommen, dass du hier lebst?«

»Ehrlich gesagt, hatte ich irgendwann keine andere Wahl mehr. Ich entschied mich dann bewusst für ein Leben in der Natur. Allerdings gefällt es mir mittlerweile sehr gut. Ich verdiene mir jeden Tag mit meiner Straßenmusik das Geld, das ich zum Leben brauche. Für den Moment brauche ich nicht mehr.« Mika wurde nachdenklich. »Sicher, für meine Zukunft habe ich natürlich Ziele und Träume.«

Ich nickte verständnisvoll. Ich war erstaunt, wie gelassen Mika mit seiner Situation umzugehen schien. Er nahm sie an, wie sie gerade war. Dazu gehörte eine enorme Stärke und verlangte Hingabe an das Leben. Ich hatte lange mit meiner eigenen Situation gekämpft. Doch langsam genoss auch ich die einkehrende Ruhe. Ich schien auf einem guten Weg zu sein. Ich hatte wohl ebenfalls begonnen, meine Situation anzunehmen.

»Du hast dich also komplett der Musik verschrieben und liebst sie so sehr, dass du dafür ein Leben auf der Straße in Kauf nimmst?«

»So ist es. Ich lebe für die Musik. Aus diesem Grund habe ich auch keine Anlaufstelle bei meiner Familie mehr. Mein Musikstudium hatten sie damals noch akzeptiert. Damit konnte ich ihrer Meinung nach, schließlich auch noch andere Wege gehen. Doch als ich nach dem Studium klarmachte, dass mein Weg, der eines Musikers war, verlor ich ihre Loyalität. Sie haben von Anfang an nicht an mich geglaubt und meine Musik als Spinnerei abgetan.«

Ich hörte Mika gespannt zu, hing wie gefesselt an seinen Lippen. Ich ermunterte ihn, weiterzusprechen.

»Ich war lange Zeit bei einem Freund untergekommen, nach meinem Musikstudium. Doch trotz all meiner Bemühungen lief es nicht besonders gut. Leider habe ich dann selbst begonnen an mir zweifeln. Das war der Anfang vom Ende. Das Geld wurde immer knapper und ich wollte meinem Freund nicht auf der Tasche liegen.«

Sein Kopf sank nach vorne zwischen seine Arme.

»Doch, wie sagt man? Das Leben ist eine Schule. Auch ich musste vieles lernen, um zu wachsen und diese Lernaufgabe wird mich wohl noch einige Zeit meines Lebens beschäftigen.«

»Uns alle Mika, uns alle…«

Ich klopfte ihm mitfühlend auf die Schulter.

»Allerdings scheinst du mit dieser Sicht der Dinge bereits ein großes Stück gewachsen zu sein. Du bist sehr reflektiert, das bewundere ich sehr«, gab ich voller Ehrfurcht zu.

»Vielen Dank, Liam. Ja, ich weiß für was ich geboren wurde und ich kenne die geistigen Gesetze. Ich bin hier, um diese noch intensiver zu begreifen.«

Seine Worte hallten in meinem Kopf nach. Mika hatte eine wunderbare Sicht der Dinge. Ich bewunderte ihn für seinen Mut, so zu seinen Träumen zu stehen. Das hatte ich mich in meiner Jugend leider nicht getraut, aber letztendlich steckten wir nun beide - unabhängig von unseren Geschichten - in der gleichen Situation in unserem Leben. Das Leben hatte uns zusammengeführt und uns verband sehr viel, wie mir jetzt umso mehr deutlich wurde, nachdem ich Mikas Geschichte kannte.

»Meine Träume gebe ich nicht auf. Mittlerweile glaube ich auch wieder an mich, jeden Tag ein Stückchen mehr. Die Absage eurer Agentur hatte zu meinen Selbstzweifeln erheblich beigetragen, aber ich habe seitdem die Zeit genutzt, um neue Songs zu schreiben. Hier in der Natur fließt meine Kreativität regelrecht aus mir heraus, ich fühle mich angebunden an etwas Großes. Es ist, als würde ich eine unendliche Quelle anzapfen«, berichtete Mika lachend. »Ich weiß, das klingt irgendwie verrückt. Aber that´s it.«

Ich wusste genau, wovon er sprach: Er war im Flow. Diesen Zustand konnte man kaum erklären, man musste ihn fühlen. Das waren die Momente, die einen erkennen ließen, dass man auf dem Weg seiner Bestimmung war.

Wir saßen noch eine Weile nebeneinander und genossen die Ruhe im Wald, bis Mika fragte: »Und du, Liam? Du lebst ebenfalls hier. Wie kann das sein?«

Ich wusste, dass er mir diese Frage früher oder später stellen würde. Er hatte mir bereits einiges von sich erzählt und nun war es an mir, ihn auch an meiner Geschichte teilhaben zu lassen.

»Ja, ich lebe ebenfalls hier, Mika. Allerdings habe ich mein Zelt drüben im Park aufgeschlagen.«

Die Situation war so skurril, dass wir nicht anders konnten als zu lachen. Es fühlte sich gut an, mit Mika nun einen Verbündeten an meiner Seite zu haben. Ich erzählte ihm meine Geschichte. Er hörte mir aufmerksam zu und ich konnte sein Mitgefühl in jeder Zelle meines Körpers spüren. Wir saßen eine Ewigkeit auf diesem Baumstamm, mitten im Wald.

Irgendwann bereitete uns Mika Nudeln mit Tomatensoße auf seinem selbstgebauten Herd zu, er hatte sogar Schüsseln und Besteck. Er hatte Stöcke gesammelt und machte damit Feuer. Es war beruhigend, dem offenen Feuer zuzusehen.

Wir hatten beide nicht gemerkt, wie schnell die Zeit vergangen war, doch es dämmerte bereits. Ich beschloss, aufzubrechen, denn ich wollte den langen Weg durch den Tunnel vor Einbruch der Dunkelheit zurück gehen. Ich verabschiedete mich von Mika und lud ihn für morgen dazu ein, bei mir vorbeizuschauen.

Ich winkte Mika noch einmal zu und machte mich glücklich auf den Nachhauseweg. Wir hatten einen schönen Tag zusammen verbracht. Auf dem Weg bis zum Tunnel, eingetaucht in das wunderschöne Abendlicht, spürte ich einmal mehr die magische Kraft der Natur. Ich war der Natur schon immer mit Demut und Dankbarkeit begegnet. So häufig zeigte sie uns, wie klein wir in diesem Universum waren und was im Leben tatsächlich zählte. Die Natur führte mich immer wieder zu mir selbst zurück. Mit Marie war ich bereits viel in der Welt unterwegs gewesen. Diese Reisen hatten mir völlig neue Welten eröffnet. Ich hatte viele atemberaubende Plätze auf dieser Erde entdeckt und gelernt offen zu sein für andere Kulturen und deren Sichtweisen. Unsere Reisen führten uns von Skandinavien über Mexiko bis hin zu den Seychellen.

Ich blickte in den Himmel und betrachtete die Sterne. Sie übten schon seit meiner Kindheit eine magische Anziehungskraft auf mich aus. Egal, von welchem Ort aus wir in den Himmel schauten, wir sahen alle die gleichen Sterne. Die Sterne verbanden uns alle.

Und da war sie wieder, die Stimme meiner Mutter: „*Liam, wir sind alle aus Sternenstaub. Wir sind alle eins.*"

Mit ihrer Stimme entstand sofort wieder das warme Gefühl der unendlichen Liebe und des Friedens in mir. Ich blickte noch eine Weile auf den See und bewunderte das Naturschauspiel des Sonnenuntergangs, als ich eine warme, kleine Hand in meiner spürte.

Ich erschrak. Als ich nach unten sah, traute ich meinen Augen kaum. Da war sie wieder, Lilli, das bezaubernde kleine Mädchen, das ich vor einigen Tagen kennengelernt hatte.

Lilli sah mich mit großen Augen an und flüsterte, als wäre an dieser Situation nichts Ungewöhnliches: »Es ist wunderschön hier, findest du nicht?«

Ich war so verwirrt, dass ich im ersten Moment nicht imstande war ihr zu antworten. Mein Verstand versuchte krampfhaft zu erfassen, was sie hier machte und woher sie so unbemerkt gekommen war. Gleichzeitig sagte mir mein Herz jedoch, dass das im Grunde ganz egal war und ich den Moment genießen sollte. Denn ich fühlte mich mit Lilli an meiner Seite unglaublich wohl. Es war schwer zu beschreiben, doch ich fühlte mich mit ihr an meiner Seite komplett. Meinem Verstand lag es jedoch fern, dies zu erfassen, sodass meine Gedanken immer weiter Achterbahn fuhren.

»Ich bin hier, alles andere ist nicht wichtig«, sagte Lilli plötzlich, wie aus dem Nichts. *Kann dieses Kind Gedanken lesen?* Es war unheimlich. Ihre folgenden Worte ließen dann auch meinen Verstand verstummen.

»Hör doch mal auf zu denken. Lass uns einfach auf den See schauen, den Moment genießen. Etwas anderes bleibt uns nicht.« Lilli lächelte verschmitzt.

Ich konnte nicht glauben, was aus diesem kleinen, niedlichen Mund gerade an Lebensweisheit gekommen war. Ich sah mich erneut um, doch es war niemand in der Nähe. Also folgte ich ihrem Rat und ließ los. Und da standen wir Hand in Hand, und genossen diesen wunderschönen Moment im Abendlicht. Ein warmes Gefühl durchströmte meinen gesamten Körper.

»Mika ist nett, oder?«, fragte Lilli nach einer Weile.

Schon wieder eine Frage, die mich völlig aus dem Konzept brachte. Doch diesmal ließ ich meinem Verstand nicht die Kontrolle übernehmen und ignorierte ihn, so gut es mir möglich war.

»Ja, du hast Recht. Ich mag ihn sehr.«

»Er wird dir ein guter Freund sein. Ihr seid seelenverwandt.«

Ich sah sie verblüfft an.

»Was sind deine Träume, Liam?«

»Das ist eine gute Frage. Früher, als ich so alt war wie du, hatte ich viele Träume. Die Welt war magisch und voller Abenteuer.«

»Das ist sie immer noch. Ich glaube, du hast es nur vergessen. Sieh dich doch um. Ich bin sicher, deine Träume leben immer noch in dir.«

»Das kann sein. Allerdings ist es als Erwachsener nicht mehr so einfach, seine Träume zu leben.«

»Du musst dich nur daran erinnern, dass du der Schöpfer deiner Welt, deines Lebens bist. Du darfst nicht aufhören, an dich und deine Träume zu glauben.«

»Was sind deine Träume, Lilli?«

»Mein Traum ist es, dass alle Menschen wissen, dass sie wunderbar sind. Ich wünschte, sie würden auf dem Weg zum Erwachsenwerden nicht ihr Leuchten verlieren. Ich wünschte, sie würden sich öfter erinnern, wer sie wirklich sind und woher sie kommen. Ich wünschte, sie würden den Aufenthalt hier auf der Erde als Reise betrachten, auf der sie wachsen können, ohne an ihren Erfahrungen oder an der Vergangenheit festzuhängen. Ich wünschte, alle würden an Wunder glauben und daran, dass sie dafür geboren sind, diese wahr werden zu lassen. Ich wünschte, sie würden nicht immer die Werte und Glaubenssätze von anderen annehmen und sich stattdessen selbst lieben als das, was sie wirklich sind: ein Wunder. Weißt du, welch wunderschöne, friedliche Welt wir hätten, wenn jeder aus Liebe handeln würde?«

»Wow, das ist wunderschön. Du bist so jung und gleichzeitig so weise.« Es war surreal. Ich konnte es nicht greifen und war völlig überwältigt.

»Ich erinnere mich, Liam. Ich bin das Licht. Ich habe die Verbindung nicht verloren.«

»Ja, das bist du.«

»Was ist mit der Musik? Wann beginnst du endlich wieder zu spielen?«

Ich wunderte mich über nichts mehr, war einfach nur dankbar für dieses Gespräch.

»Ich weiß nicht, ob ich das noch kann.«

»Natürlich kannst du es, du musst dich nur trauen.«

»Wie wäre es, wenn du mir etwas vorsingst?«

Ich sah sie an. Sie war so niedlich, dass ich ihr ihren Wunsch nicht abschlagen konnte. Ich stimmte erst sehr leise, dann ein wenig lauter eines meiner Lieblingslieder an: »Imagine«, von John Lennon. Erstaunlicherweise kannte Lilli das Lied und stimmte mit ein. Dieses Lied beschrieb mich, wie kein anderes. Da waren sie wieder, das Feuer und die Leidenschaft fürs Leben. Diese Zeilen waren bereits als Kind mein Antrieb für die Musik. Ich wünschte mir eine Welt voller Frieden und Liebe, in der es keine Unterschiede und Grenzen zwischen Menschen gab. Ich wollte die Menschen berühren mit meiner Musik, sie wieder auf den richtigen Weg bringen. Ich wollte sie zum Leuchten bringen, wollte dienen, nie besitzen.

Endlich erinnerte ich mich wieder daran, wer ich wirklich war und wer ich sein wollte. Es war mir nie ums Haben gegangen, sondern immer nur ums Sein.

In diesem Moment überrollte mich eine Welle der Dankbarkeit. Ich hatte mich wiedergefunden. Ich hörte erneut die Stimme meiner Mutter im Wind, sie schwang im Rhythmus der Musik: »*Liam, du bist Liebe, du bist Licht. Lass es scheinen und flieg zu den Sternen. Du bist der Schöpfer deiner Welt. Vergiss das nie.*«

Ihre Worte erinnerten mich daran: Mein Sein bestimmte, was ich erlebte. Ich war so oft im Mangel und nicht in der Dankbarkeit gewesen. Doch jetzt war sie da, die Dankbarkeit. Sie durchströmte mich.

Wir sangen beide lauthals dieses berührende Lied und tanzten dazu. Und dann passierte etwas Unglaubliches: Ich hatte eine Vision, sah mich singend und spielend auf einer Bühne. Ich konnte es wieder sehen. Tränen der Dankbarkeit rollten über meine Wangen. Ich hob Lilli hoch und wirbelte sie durch die Luft.

»Danke, danke, danke!«, rief ich.

Als Kind hatte ich ständig Visionen gehabt, ich sah es vor meinem inneren Auge und es wurde Wirklichkeit. Ich glaubte nicht nur an Wunder, ich verließ mich auf sie. Ich erlebte meine Visionen so intensiv, als wären sie bereits Wirklichkeit und so wurden sie es auch. Das Gesetz der Anziehung ließ es geschehen. Es führte kein Weg daran vorbei, wenn ich bereits fühlte, dass es Wirklichkeit war.

Damals wusste ich noch nichts von den natürlichen Gesetzen unseres Universums. Meine Mutter bestärkte mich jedoch immer wieder darin, in diese Traumwelten abzutauchen.

Jetzt konnte ich es wieder. Ich war wieder ein Träumer. Ich hatte die Verbindung zu mir selbst und damit zum Universum wiederhergestellt.

Ich war zudem endlich dabei, mich selbst zu erforschen. Mein wahres Selbst kennen zu lernen. Meine eigenen Werte und Motivationen zu definieren. Meine Grenzen zu erkennen. Meine alten Muster und Glaubenssätze, die nicht mehr zu mir passten, aufzulösen. Ich erkannte tatsächlich viele meiner inneren Muster, eines davon war es zum Beispiel, mir meine Wertschätzung im Außen zu holen, um damit mein angeschlagenes Selbstwertgefühl zu besänftigen. Zudem war ich endlich dabei, mich zu spüren und mich nicht von der Außenwelt dabei ablenken zu lassen.

Lillis Worte verankerten sich tief in meinem Bewusstsein und warfen Fragen auf: *Ist diese Situation, in der ich mich gerade befinde, vielleicht der wichtigste Teil meines Weges? Musste es genauso kommen? Kann ich vielleicht nur so meine Lektion lernen? Indem ich gezwungen wurde, alles zu verlieren?*

Es war überwältigend. Lilli strahlte übers ganze Gesicht, so sehr freute sie sich über meinen plötzlichen Wandel. Wir sangen und tanzten, als gebe es kein Morgen. Die Sterne waren bereits zu sehen und dann sahen wir am Himmel einen wahren Sternschnuppenregen. Wir ließen die Magie geschehen.

»Liam?«, ertönte eine Stimme hinter mir.

Ich drehte mich um und vor mir stand Mika.

»Liam, du bist es wirklich! Ich habe eine wunderschöne Stimme singen hören, die mich magisch anzog«, platzte es aus Mika heraus. »Liam, dein Gesang ist der Wahnsinn.«

Mika war fassungslos und überwältigt zugleich.

Ich suchte mit meinen Blicken die kleine Lilli, doch sie war nicht mehr da. Sie war einfach verschwunden.

»Mika, hast du hier eben noch jemanden gesehen?«, fragte ich vorsichtig.

»Wen sollte ich noch gesehen haben? Ich sah nur dich, tanzend und singend«, lachte er begeistert und kam näher.

Es war nun bereits dunkel geworden. Der See wurde vom Mondschein erhellt und reflektierte diesen.

Ich dachte an Lilli und fragte mich, wie und wohin sie so schnell verschwunden sein konnte.

»Mann, wieso hast du nicht gesagt, dass du ebenfalls Musiker bist?«, riss mich Mika aus meinen Gedanken.

»Ich fand es nicht erwähnenswert.«

»Nicht erwähnenswert? Du bist fantastisch. Du bist der Hammer! Hat dir das noch nie jemand gesagt?«

»Nein, nicht in dieser Deutlichkeit«, erwiderte ich lachend.

»Ich hole meine Gitarre. Warte hier!«

Mika brauchte nicht lange, er kannte die Wege wie seine Westentasche. Ich fragte mich, ob er sich so allein hier draußen nicht fürchtete. Mir war zumindest anfangs in manchen Nächten etwas mulmig zumute gewesen, doch dieses Gefühl legte sich schnell. Ich fühlte mich mit jedem Tag, an dem ich mehr bei mir selbst ankam, sicherer.

Kurz darauf war er mit seiner Gitarre zurück und setzte sich mit Schwung neben mich auf den sandigen Boden am Ufer des Sees.

»Lass uns loslegen, Liam.«

Wir sangen die halbe Nacht zusammen. Irgendwann gab Mika mir seine Gitarre, doch ich war mir nicht sicher, ob ich spielen sollte. Ich hatte Zweifel, ob ich es überhaupt noch konnte. Aber dann traute ich mich und es war ein wunderbares Gefühl, wieder zu spielen. Ich hatte es vermisst.

Es machte Spaß, mit Mika im Duett zu singen. Es fühlte sich an, als würden wir bereits seit langer Zeit zusammen Musik machen. Die Chemie und die Harmonie zwischen uns stimmten ab der ersten Sekunde. Wir hatten das Gefühl für Raum und Zeit verloren, waren vollkommen im Moment, schwammen im Fluss des Lebens.

Wir waren die ganze Nacht wach gewesen und spürten keinerlei Müdigkeit. Im Gegenteil, wir waren voller Energie. Langsam erhellte sich der Horizont und strahlte in wunderschönen Gelb- und Orangetönen, wie gerne hätte ich in diesem Augenblick Marie von diesen wunderschönen Momenten erzählt.

16

Nach der vergangenen Nacht saß ich vor meinem Zelt.
Dieses Mal hielt ich einen warmen Cappuccino in der
Hand. Ich hatte ihn mir heute Morgen auf dem Heimweg
von Mika an einem Kiosk gegönnt. Er schmeckte himmlisch, im Vergleich zu meinem Instant-Kaffee-Desaster.

Ich schloss die Augen und versank in einer anderen Welt.
Ich dachte über meine Situation nach, über Mika, über Lilli,
über Marie und über das Leben. Ich hatte so lange Zeit
mit meiner Situation gehadert, dagegen angekämpft. Ich
hatte meine Gefühle unterdrückt, um sie nicht spüren zu
müssen. Und jetzt, endlich, passierte so viel in mir. Ich ließ
alles geschehen, fühlte den Schmerz in jeder Faser meines
Körpers und dann ließ ich ihn los. Es war vollkommen
okay. Ich war vollkommen okay. Ich hörte auf zu kämpfen.

Ich empfand in diesem Augenblick so viel Ruhe und
Frieden, wie nie zuvor. Ich hatte es geschafft, alles loszulassen und vollkommen im Moment zu sein. Dies ermöglichte es mir, mich endlich wieder selbst wahrzunehmen,
mich selbst zu hören. Ich bekam langsam wieder eine
Ahnung davon, wer ich wirklich war. Jeden Tag, den ich hier
draußen verbrachte, kam ich mir selbst ein Stückchen näher.
Ich genoss diesen Augenblick in vollen Zügen. Tränen der
Erleichterung rannen über meine Wangen. Ich war irgendwo
im Nirgendwo und fühlte mich unendlich frei. Ich hatte das
Gefühl, als könnte ich fliegen. Durch eine Welt, die so unbeschreiblich schön war und in der alles möglich war.

Plötzlich erschien ein kleines Mädchen vor meinem inneren Auge. Es rannte vergnügt über eine wunderschöne Blumenwiese. Der Himmel strahlte in den schönsten Blautönen. Ich fühlte die wohltuende Wärme der Sonnenstrahlen auf meiner Haut und entspannte mich noch mehr. Das kleine Mädchen tanzte mit ausgebreiteten Armen umher, so, als wolle sie die ganze Welt umarmen. Ich konnte nicht genug davon bekommen, ihr zuzusehen. Sie strahlte pure Lebensfreude und Dankbarkeit aus. Ihr Gesicht konnte ich nicht erkennen, aber ihre langen dunklen Haare wirbelten im Wind und ihren Körper umgab ein helles, leuchtendes Licht. Schmetterlinge flatterten um sie herum, Vögel begleiteten sie auf ihrem Weg, Hasen hoppelten neben ihr her. Sie schien mich nicht zu bemerken, schien allzu fasziniert von dieser wunderschönen Wiese und all den Tieren zu sein, die sie umgaben. Plötzlich wusste ich nicht mehr, was Traum und was Realität war. *Wo bin ich hier?*

Ich spürte eine Hand auf meiner Schulter, erschrak und öffnete meine Augen. Nun war ich wieder im Hier und Jetzt. Mika stand grinsend neben mir.

»Liam, Alter, was machst du da?«, fragte er belustigt. »Du sahst gerade aus, als wärst komplett wo anders.«

»Das war ich auch, Mika.«

Ich musste mich erst wieder in meiner Umgebung zurechtfinden und rieb mir die Augen. Ich war so tief in dieser anderen Welt versunken gewesen, dass ich noch gar nicht zurück in die Realität wollte. Ich sah mich um. Es musste bereits wieder später Nachmittag sein, dem Stand der Sonne nach zu urteilen. Ich musste also eine halbe Ewigkeit hier gesessen haben. Ich hatte Raum und Zeit offensichtlich komplett hinter mir gelassen. Mika riss mich erneut aus meinen Gedanken.

»Ich dachte, ich statte dir mal einen Besuch ab. Ich habe den halben Park nach dir abgesucht. Du hast dich super getarnt, so weit hier hinten.« Er kniete sich vor mich. »Ist alles in Ordnung? Du siehst irgendwie verwirrt aus.«

»Das war der Plan, aber es ist schön, dass du mich gefunden hast. Es ist alles in Ordnung, danke. Ich brauche nur einen Moment.«

Ich freute mich tatsächlich darüber, Mika zu sehen. Es war schön, einen echten Verbündeten an meiner Seite zu wissen und es grenzte für mich an ein Wunder, dass sich unsere Wege erneut gekreuzt hatten. Ganz besonders auf diese Art und Weise. Mika setzte sich neben mich vor mein Zelt und reichte mir eine Flasche Cola und eine Brezel. »Habe ich dir mitgebracht.«

»Danke.«

Mika schwieg, doch ich spürte, dass ihn etwas beschäftigte. Er war aufgeregt und nervös.

Endlich durchbrach er die angespannte Stille: »Liam, ich hatte heute Morgen, nachdem du gegangen warst, eine Idee. Sie verfolgt mich bereits den gesamten Tag.«

Mika sah mich von der Seite an.

»Schieß los«, ermunterte ich ihn.

»Wie wäre es, wenn wir als Duo auftreten?«, platzte es aus ihm heraus.

»Wie meinst du das?« Ich sah ihn irritiert an.

»Na wir beide, zusammen als Straßenmusiker.«

»Kommt nicht in Frage.« Ich schüttelte energisch den Kopf.

»Liam, wieso denn nicht?«

»Ich habe seit Jahren nicht mehr vor Menschen gespielt.«

»Das ist doch kein Argument. Du bist der geborene Musiker.«

Ich schwieg. Das musste ich erst einmal verdauen. In der Musikbranche zu arbeiten war eine Sache, aber wieder als Musiker vor Menschen zu stehen, das war eine ganz andere. Zudem würden wir nicht auf einer Bühne stehen, sondern auf der Straße. Meine negative Gedankenspirale begann wieder, sich zu drehen und tausend Fragen tauchten vor meinem inneren Auge auf. *Was, wenn mich jemand erkennt? Was sollen die Leute denken? Kann ich überhaupt noch spielen?* Zweifel um Zweifel schlich sich in meine Gedanken. Mein Ego nutzte jede Chance, um mich von dieser scheinbar verrückten Idee abzubringen.

Mika bemerkte meine innere Zerrissenheit. Er stand auf und ließ mich mit folgenden Worten allein zurück: »Überleg es dir, Liam. Wir sehen uns.«

Es war gut, dass ich in Ruhe darüber nachdenken konnte. Ich beschloss allerdings, die Idee erst einmal ruhen zu lassen. Denn das Gedankenkarussell, das sich da gerade in meinem Kopf abgespielt hatte, hatte mich ungemein angestrengt.

Ich wollte lieber wieder diesen inneren Frieden spüren, der meinen Körper und Geist sanft einhüllte. Also blieb ich einfach sitzen und beobachtete, was passierte. Ich beobachtete mich selbst. Das war tatsächlich möglich. Ich tat es intuitiv und hörte der Stimme in meinem Kopf zu. Es war zwischendurch sogar urkomisch, was sie alles zu sagen hatte. Ich musste grinsen. Wenn das jetzt in diesem Augenblick funktionierte, dann würde es auch zu jedem anderen Zeitpunkt in meinem Leben funktionieren.

Ich schlussfolgerte, dass ich also tatsächlich nicht meine Gedanken war. Und ich war auch nicht mein Ego, das sich als kleine, wütende Stimme ständig in meinem Kopf beschwerte.

Diese Erkenntnis war mächtig. Sie war wie ein Erdbeben, erschütterte mein Weltbild und veränderte zugleich meine Sicht auf das Leben auf eine wunderschöne Art und Weise. Sie öffnete mir die Tür in eine andere, mir bisher verborgene Welt: Die Tür ins Hier und Jetzt, in den Moment. Das war die Möglichkeit, die Stimme in meinem Kopf zu überlisten und ihr keinen Glauben mehr zu schenken. Diese Stimme war also ein Mix aus all meinen bisherigen Glaubenssätzen und Lebenserfahrungen, aber sie war nicht ich. Ich war so viel mehr. Ich konnte in jeder Sekunde neu wählen, konnte Situationen und meine Reaktionen neu bewerten und entscheiden, wie ich darauf reagieren wollte. Ich konnte tatsächlich fliegen!

Die Dankbarkeit überrollte erneut wie eine Flutwelle meinen ganzen Körper. Ich stand auf und hüpfte wie ein kleines Kind auf der Wiese vor meinem Zelt auf und ab. Das bedeutete, dass ich mir meine Welt jederzeit so erschaffen konnte, wie ich es wollte. Ich durfte nur nicht mehr den Fehler begehen, auf dieses abwertende, negative Etwas in meinem Kopf zu hören, das mir alle meine Träume ausreden wollte. Wie aus dem Nichts formte sich diese Erkenntnis klar und deutlich in meinem Kopf. Ich hatte nicht die geringste Ahnung, wer oder was mir diese Klarheit verschaffte, doch das war auch nicht wichtig.

In diesem Moment erkannte ich: Ich konnte auch wieder Musiker sein, konnte tatsächlich wieder meinen Traum leben. Ich tanzte und sang vor Glück. Ich liebte das Leben mit all seinen Farben. Es war mir egal, dass Menschen zu mir herübersahen, und es war mir egal, was sie über mich dachten. Und dann sah ich Lilli wieder. Sie rannte mit offenen Armen auf mich zu und strahlte über das ganze Gesicht. Es wirkte, als würde sie leuchten. Ich breitete ebenfalls meine Arme aus, fing sie auf und wirbelte sie durch die Luft. Sie jauchzte vor Freude. Ich liebte dieses Mädchen von ganzem Herzen. Ich wusste zwar nicht, wer sie war und warum sie immer im richtigen Augenblick erschien, doch auch das war nicht wichtig. Ich genoss einfach jeden Augenblick mit ihr in vollen Zügen. Sie hatte mir geholfen, wieder den Weg zurück zu mir selbst zu finden. Dafür war ich diesem kleinen, zauberhaften Wesen unendlich dankbar.

Wir tollten noch eine Weile zusammen über die Wiese und dann überkam mich wieder dieses wohlige, warme Gefühl der bedingungslosen Liebe meiner Mutter. Ihre Worte hörte ich so leise aber deutlich, als würde sie mir der Wind selbst ins Ohr flüstern: *»Liam, mein Engel, wo Schatten ist, ist auch Licht. Nur wenn du durch die Dunkelheit gehst, kannst du dein Licht finden. Du bist auf dem Weg ins Licht. Ich bin stolz auf dich. Ich bin immer bei dir. Ich liebe dich.«*

Eine Gänsehaut überzog meinen gesamten Körper.

Ich beschloss, Lilli ein Eis zu kaufen und wir gingen gemeinsam zum Kiosk. Dann führte uns unser Weg weiter zur Promenade, wo wir uns an den Rand des Sees setzten. Es war ein wunderschöner Frühlingstag, der sich bereits, wie ein Sommertag anfühlte. Wir zogen unsere Schuhe aus und ließen unsere nackten Füße ins Wasser baumeln. Unsere Gesichter streckten wir der Sonne entgegen. Ich beobachtete Lilli von der Seite. Es war faszinierend, welch friedvolle Ruhe ich spürte, wenn ich sie ansah. So saßen wir eine Weile schweigend nebeneinander, bis Lilli aufstand, um sich zu verabschieden.

»Tschüss, Liam. Ich bin stolz auf dich. Diese Erkenntnis, die du heute hattest, ist für immer. Du bist nicht deine Gedanken, dein Ego oder dein Körper. Sei ab jetzt einfach nur dein aufmerksamer Beobachter.«

Ich sah ihr überrascht hinterher und schüttelte den Kopf. Dieses kleine Mädchen war wunderbar.

Ich blieb noch lange am Ufer sitzen und beobachtete die untergehende Sonne über dem glitzernden See. Ich überlegte kurz, ob ich noch zu Mika gehen sollte, um ihm meinen Entschluss mitzuteilen. Doch ich entschied mich dagegen. Stattdessen lief ich den kurzen Weg zurück zu meinem Zelt und schlief nach diesem aufregenden, aufwühlenden Tag sofort ein.

Der nächste Morgen ließ erahnen, dass erneut ein wunderschöner Tag auf mich wartete. Ich kramte ein Handtuch aus meinem Koffer und machte mich auf den Weg. Ich lief geradewegs auf den Spreetunnel zu, um auf die andere Uferseite zu gelangen. Im Tunnel war es angenehm kühl. Doch man konnte bereits spüren, dass dieser Tag überdurchschnittlich warm werden würde. Ich mochte diese ersten warmen Tage des Jahres, die einen Vorgeschmack auf den bevorstehenden Sommer boten. Ich wollte bei Mika vorbeischauen, um ihm meinen Entschluss mitzuteilen. Auf der anderen Seite angekommen, bog ich zielsicher in Richtung Wald ab. Ich kannte den Weg zu Mikas Lager, hatte mir jeden Schritt gemerkt. Erneut war ich überwältigt von dieser bezaubernden Kulisse und ich beschloss, ebenfalls hierher in diesen Bereich des Gebietes rund um den Müggelsee umzuziehen. Hier war es viel ruhiger, die Natur war wunderschön. Ich wurde von diesem Platz förmlich angezogen, seitdem ich das erste Mal hier gewesen war. Als ich vor Mikas Zelt stand, atmete ich noch einmal tief durch.

»Mika, bist du da?«, begrüßte ich meinen neuen Freund.

Doch er schien nicht da zu sein. Ich bemerkte allerdings sofort, dass etwas anders war als zuvor. Mika hatte neben seinem Zelt, Äste aus dem Weg geräumt und somit eine freie Fläche geschaffen. Es schien, als brauche er Platz für etwas. Plötzlich hörte ich unweit vom Zeltplatz ein Knacken und Rascheln im Unterholz. Kurz darauf kam Mika auf mich zu.

»Liam, schön dich zu sehen! Ich hätte allerdings nicht so schnell wieder mit dir gerechnet.«

»Mika, hallo.« Ich suchte kurz nach den richtigen Worten. »Ich wollte dir danken für deinen Arschtritt.«

Nun mussten wir beide lachen.

»Also, eigentlich für deinen Vorschlag. Ich habe unglaublich große Lust, mit dir Musik zu machen.«

Mika kam strahlend auf mich zu und umarmte mich stürmisch.

»Spitze, Liam. Ich freue mich sehr.«

Somit war unser Schicksal besiegelt. Jetzt fehlte nur noch ein Konzept. Wir wollten uns beide nicht auf den Zufall verlassen und machten uns sofort an die Arbeit, einige Songs auszusuchen, um diese zu proben. Ich schlug Mika vor, den heutigen Tag am See zu verbringen. Keine Sekunde später war er in seinem Zelt verschwunden, um nach einem Handtuch zu suchen.

»Mika, was hast du denn eigentlich hier vor?«, rief ich ihm zu.

Er streckte seinen Kopf aus dem Zelt und blickte zu der freien Waldfläche, auf die ich zeigte.

»Ich habe dir Platz gemacht. Ich wusste, du würdest dich für uns als Team entscheiden. Also dachte ich, es wäre eine schöne Möglichkeit, näher zusammen zu sein. So habe ich einen netten Nachbarn«, antwortete er mir und verschwand wieder in den Tiefen seines Zeltes.

Ich war überwältigt von seiner Geste. Ich hatte nicht damit gerechnet, dass dieser Platz für mich sein könnte. Zudem ich einige Augenblick zuvor beschlossen hatte, hierher umzusiedeln. Wieder einmal musste ich über die Magie des Lebens lächeln.

»Danke, Mika.«

»Bitte, Liam.«

Gemeinsam machten wir uns auf den Weg. Wir fanden einen idyllischen Platz am Ufer des Sees und legten unsere Strandtücher in den Sand. Wir verbrachten einen schönen Tag am See, an dem die Ideen nur so aus uns heraussprudelten. Es war schön, wieder auf etwas hinzufiebern und Pläne zu schmieden. Und das alles begleitet von dem wunderbaren Gefühl, auf dem richtigen Weg zu sein. Auf dem für mich bestimmten Weg zu sein.

Mika hatte an alles gedacht. Er hatte neben seiner Gitarre auch einen Notizblock, Stifte und Proviant für uns mitgenommen. Meine Leidenschaft war schon immer das Schreiben von Songs gewesen und ich spürte, dass es nun wieder Zeit dafür war. Es gab so vieles zu sagen. Ich hatte so vieles gelernt. Mika war begeistert und die Energie floss nur so von Takt zu Takt.

Zufrieden machten wir uns am Abend auf den Nach-hauseweg. Wir verabschiedeten uns und verabredeten uns für den nächsten Tag erneut. Ich wollte dann mit meinen Sachen zu Mika umsiedeln. Auf dem Nachhau-seweg fühlte ich mich frei und leicht. Ich verspürte eine große Vorfreude auf die Zukunft und mir wurde in diesem Moment bewusst, wie lange ich dieses Gefühl nicht mehr gefühlt hatte. Ich hatte das Gefühl, fliegen zu können. Von weitem sah es aus, als würde vor meinem Zelt ein helles Licht leuchten. Erstaunt ging ich schneller, um zu sehen, was die Lichtquelle war. Das Leuchten schien heller zu werden. Als ich bei meinem Zelt ankam, saß Lilli davor.

»Lilli, hallo«, begrüßte ich sie irritiert.

»Hallo, Liam. Ich habe schon auf dich gewartet. Wie war es bei Mika?«, fragte sie ganz selbstverständlich.

»Es war ein schöner Tag. Woher weißt du, nur immer was ich tue?«, fragte ich mehr mich selbst. Denn mir war bereits bewusst, dass ich keine Antwort auf meine Frage bekommen würde. Dieses Mädchen war ein Mysterium.

»Das freut mich, Liam. Es ist schön, dass du endlich wieder an dich glaubst und deinen Träumen folgst.«

Ich sah sie an. Sie strahlte.

»Danke, Lilli. Danke für alles. Du bist das größte Wunder auf dieser Welt für mich. Du bist ein Engel.«

Nun strahlte Lilli, wie nie zuvor. Sie strahlte von innen und außen.

»Ja Liam, das bin ich.«

Dann stand sie auf und entfernte sich langsam von mir. Während sie sich noch einmal zu mir umdrehte, sagte sie: »Liam, viel Spaß bei deinem Umzug. Das ist die richtige Entscheidung.«

Sie winkte mir zu.

Leise beschlich mich ein seltsames Gefühl. Das hatte sich gerade wie ein Abschied, wie ein Lebewohl angefühlt.

Sie ließ mich mit einem warmen Gefühl zurück. Mein Körper war erfüllt von Dankbarkeit und Liebe. Ich wusste nicht, wer dieses bezaubernde Wesen war, doch ich wünschte ihr von ganzem Herzen alles Glück dieser Welt.

Meine Gedanken wanderten zu Marie. Ich vermisste sie so sehr und war mir sicher, sie wäre ebenso verzaubert von Lilli gewesen, wie ich es war.

Und da war sie erneut, die Stimme meiner Mutter:

»Liam, bitte vergiss nie, dass diese Welt ein magischer Ort ist. Bitte vergiss nie, dass du ein Wunder bist. Und vergiss nie, dass alles möglich ist. Es gibt keine Grenzen, es gibt nur die Grenzen, die du dir selbst geschaffen hast. Jede Erfahrung lehrt dich etwas, jeder Mensch und jede Begegnung lehrt dich etwas. Sieh es mit den Augen der Liebe und des Mitgefühls. Du wirst daran wachsen und du wirst über dich hinauswachsen. Lass dein Licht strahlen.«

17

Der nächste Tag bescherte uns strahlenden Sonnenschein. Ich schaute aus meinem Zelt, atmete tief ein und genoss die Vorfreude auf diesen Tag. Dann machte ich mich daran, all meine Habseligkeiten in meinen Koffer zu packen. Ganz zum Schluss war das Zelt an der Reihe. Gerade als ich die Heringe aus der Erde zog, spürte ich, dass Mika auf dem Weg zu mir war. Ich drehte mich um und stellte erstaunt fest, dass es genau so war. Meine Intuition funktionierte wieder wunderbar und ich ließ mich auch wieder darauf ein, auf sie zu hören.

»Liam, ich sehe, du kannst Hilfe gebrauchen.«

»Danke, Mika. Schön, dass du da bist.«

Er spürte meine Ehrlichkeit und meine von Herzen kommende Freude, das konnte ich in seinem Gesicht lesen.

Gemeinsam waren wir im Handumdrehen fertig. An unserem neuen gemeinsamen Zuhause angekommen, bauten wir mein Zelt wieder auf und betrachteten zufrieden unser Werk. Es sah gemütlich aus. Es wirkte wie ein kleines Zeltlager mitten im Wald. Mit den Lampions, dem kleinen Kochbereich und der Sitzmöglichkeit am Feuer lud unser neues gemeinsames Reich zum Verweilen ein. Ich freute mich auf die gemeinsame Zeit mit Mika. Ich wusste, es würde schön werden.

Die darauffolgenden Tage lachten und weinten wir viel. Die Songs, die dabei entstanden, waren magisch.

Zusammen flossen wir geradezu durch jeden Tag. Wir aßen zusammen, machten Sport, gingen spazieren, saßen am Lagerfeuer, redeten und meditierten sogar gemeinsam. Für ihn war das neu, aber ich versuchte ihm so gut es ging zu erklären, wie es mir mit der Meditation gelang, in diese friedvolle Welt und zu mir selbst zu kommen. Ich teilte alle Erkenntnisse mit ihm, die mir in den letzten Wochen meiner Reise zuteilgeworden waren. Ich wusste, dass ich mit ihm über all das sprechen konnte, denn er war auf der gleichen Reise. Ich konnte von ihm genauso viel lernen, wie er von mir.

Ich war mir darüber bewusst, dass dies nicht mit jedem Menschen möglich war. Meine Hoffnung, dass sich irgendwann jeder für die Spiritualität öffnete und sich auf die magische Reise zu sich selbst machte, um sich wahrhaftig zu finden, gab ich jedoch nicht auf. Denn nun sah ich meine Lebensaufgabe wieder klar vor mir.

Nur eine Sache erwähnte ich Mika gegenüber nicht: die kleine Lilli. Sie war wie ein geheimer Schatz für mich. Ich wusste nicht, was passieren würde, wenn ich über sie sprach. Zudem hatte ich mit meiner Vermutung richtig gelegen. Sie war seit unserem Abschied, nicht mehr zu mir gekommen. Ich überlegte, ob es an der Tatsache liegen könnte, dass ich jetzt nicht mehr allein war. Meist war sie in den friedvollen Abendstunden gekommen, in denen ich entspannt war, oder in Momenten, in denen sich etwas in mir bewegt hatte. Und dann beschlich mich ein Gedanke. *Ist es möglich, dass nur ich Lilli sehen konnte?*

Ich verwarf diesen Gedanken jedoch schnell wieder. Das konnte nicht sein. Mein Verstand und damit mein Ego meldete sich sofort zu Wort. Ich beobachtete diese

Tatsache mit einem Schmunzeln, kannte ich doch tief in meinem Inneren bereits die Antwort.

An diesem Abend saß ich allein am See und beobachtete die untergehende Sonne. Die Tage wurden immer länger und wärmer. Nur noch einen Tag und es war Mittsommer, diese magische Nacht, die faszinierende Sonnenwende. Die Sonne erreichte den nördlichsten Punkt ihrer Umlaufbahn und machte diesen Tag zum längsten des Jahres. Der Nordhimmel glühte in den schönsten Rot-Tönen. In den skandinavischen Ländern wurde dieses Ereignis als Mittsommernachtsfest gefeiert. Ich hatte das Glück gehabt, vor einigen Jahren, zu dieser Zeit in Schweden gewesen zu sein. Dieser Zauber von damals erfasste mich jedes Jahr zur Mittsommerzeit im Juni wieder. Ich schwelgte in Erinnerungen an die weißen Nächte, wie sie in Schweden genannt wurden, an leckere schwedische Kartoffeln, Heringsspezialitäten, an die ausgelassenen Tänze zu fröhlicher Musik und die wunderschönen Blumenkränze. Ich dachte an Lilli, denn dieses Fest hätte der kleinen Lilli sicher auch gefallen. Dieses Fest war wie sie. Fröhlich, ausgelassen, voller Liebe und Dankbarkeit für die Mitmenschen und die Natur. Das Reisen war immer meine Leidenschaft gewesen, ich vermisste es. In Zukunft wollte ich wieder viel mehr reisen, doch leider ließ dies mein Budget gerade nicht zu. Und da war sie wieder, die Stimme in meinem Kopf und damit die Begrenzungen, die ich mir selbst setzte. Sie überschlug sich mit Wenns und Abers, *das ist doch nicht möglich, du musst erst dies und das tun, bevor…*

Ich kannte dieses Spiel bereits und verfolgte es aufmerksam. Ich wurde jeden Tag besser darin, die Beobachterposition einzunehmen. Doch ich war mir mittlerweile darüber bewusst, dass ich meine Realität selbst erschaffen konnte. Also ließ ich mich auf diesen wunderbaren Moment ein und schloss meine Augen. Ich hatte nichts zu verlieren.

Ich atmete einige Male tief ein und aus, um meinen Geist zur Ruhe bringen. Es dauerte einige Zeit, bis alles in mir ruhig war. Doch dann tauchten die ersten Bilder auf. Ich sah mich mit Mika, spielend auf einer Bühne vor vielen Zuschauern. Wir strahlten vor Glück. Die Blicke der Menschen waren erfüllt von Liebe, es war wunderschön. Ich erlebte diese Situation so real, als wäre sie Wirklichkeit. Ich sah Marie und mich als glückliches Paar vor mir. Ich sah Kinder, unsere Kinder. Ich fühlte die Dankbarkeit in jeder Zelle meines Körpers, Tränen der Freude kullerten über meine Wangen. Ich war absolut erfüllt.

Ich ahnte es bereits und im nächsten Moment konnte ich sie auch schon flüstern hören: *»Die Magie ist in dir, Liam. Alles was du dir vorstellen kannst, wird zu deiner Realität. Es ist alles gut, mein Engel.«*

Und es war alles gut. Ich spürte es. Ich war sicher und es war mir möglich, diesen Frieden in mir, auch in die Welt zu bringen.

Ich wusste, es war nun Zeit, loszugehen. Ich ging zu unserem Lager zurück. In Mikas Zelt brannte noch das Licht seiner Taschenlampe.

»Mika, bist du noch wach?«, fragte ich leise.

»Ja Liam, was gibt es?«

»Sollen wir es morgen wagen?«

»Liam, das wäre super.«

Das Grinsen in seinem Gesicht war deutlich zu hören. Ich freute mich ebenso. Mika hatte gewartet bis ich bereit dazu war, den nächsten Schritt zu tun. Dafür war ich ihm sehr dankbar.

Die Nacht war klar, der Himmel war ein Meer aus Sternen. Ich war stolz auf mich.

Heute war Mittsommer und damit der perfekte Tag, um endlich den nächsten Schritt zu wagen. Eine freudige Aufregung breitete sich in meinem Bauch aus. Mika war ebenfalls schon wach und bereitete ein kleines Frühstück für uns zu. Wir besprachen unseren Auftritt, unseren Spielort und überlegten, ob wir eine Genehmigung brauchten. In Berlin gab es strenge Regelungen für Auftritte in den U-Bahn Bereichen, doch auf öffentlichen Plätzen waren die Regeln nicht klar definiert. Wir beschlossen, für den Anfang im Müggelpark zu starten. Hier fühlten wir uns heimisch, zudem herrschte eine entspannte Stimmung. Die Menschen kamen an diesen Ort, um zur Ruhe zu kommen und um Spaß zu haben. Genau diese Stimmung würde uns helfen, unsere Botschaft zu vermitteln. Es war ein Freitag und wir planten unseren Auftritt für 20.00 Uhr. Er sollte etwa eine Stunde dauern, das würde für den Anfang genügen.

Ich wurde den Tag über immer nervöser, spürte die Anspannung in meinem ganzen Körper. Es war eine freudige Aufregung, doch es schlichen sich auch immer wieder Zweifel ein. Ich fragte mich, ob es die richtige Entscheidung gewesen war und wie wohl die Menschen auf uns reagieren würden.

Ich kannte die Antworten auf diese Fragen bereits und dennoch schlichen sie sich in meinen Verstand. Der Abend kam schneller, als mir lieb war. Ich beschloss, noch einmal kurz zum See zu gehen, um zur Ruhe zu kommen. Ich wollte diesen Abend bewusst, in mir ruhend erleben, wollte ganz im Moment sein. Also setzte ich mich auf einen Ast am Ufer und vergrub meine Füße im Sand. Die sanften Wellen des Sees umspielten meine Füße. Ich nahm einige tiefe Atemzüge, schloss meine Augen und erlebte unseren Auftritt vor meinem inneren Auge. Dankbarkeit durchströmte mich. Ich musste lächeln. Plötzlich spürte ich eine sanfte Berührung auf meinem Rücken, doch ich konnte nicht greifen, ob diese tatsächlich stattfand, oder ob ich sie mir nur einbildete.

»Du schaffst das. Du wirst die Menschen verzaubern.«, hörte ich eine leise Kinderstimme in meinen Ohren. Das Lachen von Lilli hallte bis tief in mein Herz. Ich öffnete meine Augen, doch niemand war da. Lächelnd ging ich zurück zu unserem Lager. Ich war bereit.

Mika war ebenfalls bereit und wartete schon auf mich.

»Liam, lass uns gehen«, empfing er mich und legte einen Arm um mich.

»Ja, lass uns gehen.«

Wir redeten nicht viel auf dem langen Weg durch den Spreetunnel. Jeder war in seinen Gedanken versunken und doch waren wir froh, diesen Weg gemeinsam zu gehen.

Auf der anderen Seite des Müggelsees schauten wir uns nach einem passenden Platz um. Wir waren die einzigen Musiker im Park, das war gut. Wir sahen uns an und wussten beide intuitiv, wo unser Platz war. Wir bauten unsere kleine Bühne direkt an der Promenade auf. Die Kulisse bot einen wunderschönen Blick auf den See. Mika hatte zwei Klapphocker mitgebracht. Unseren Gitarrenkoffer legten wir offen vor uns auf den Boden. Wir hatten einen großen Zettel mit dem einfachen, aber mächtigsten Wort dieses Universums hineingelegt: Es stand »*Danke*« darauf.

Der Park war gut besucht, die Stimmung war entspannt. Die Menschen genossen die Abendsonne, lachten und redeten ausgelassen. Auf uns ruhten bereits die ersten interessierten Blicke von Passanten. Mika war die Ruhe selbst. Er hatte viel Erfahrung mit dem Musizieren auf der Straße und liebte es. Meine Nervosität stieg jedoch mit jeder weiteren Minute, die verging.

Doch nun waren wir bereit, zu beginnen. Mika nahm auf seinem Hocker Platz. Ich blieb lieber stehen. Mika nickte mir aufmunternd zu und schlug die ersten Akkorde auf der Gitarre an. Nach einem kurzen Intro setzte ich mit meiner Stimme ein.

Mit jedem weiteren Akkord wurde ich ruhiger. Ich war jetzt ebenfalls in meinem Element. Die Energie floss, wir waren im Flow. Ich genoss den Moment mit geschlossenen Augen. Als ich sie wieder öffnete, stolperte meine Stimme für einen kurzen, kaum spürbaren Augenblick. Die Menschen, die sich um uns versammelt hatten, strahlten. Es wurden mit jedem Lied mehr Menschen. Sie wippten, sie lachten und sie schienen unsere Musik zu fühlen. Es war wunderschön. Ich sah Mika an und er nickte mir lächelnd zu. Wir spielten unser geplantes Programm und ich beobachtete fasziniert, wie sich unser Gitarrenkoffer langsam füllte.

Der Applaus übertraf alle meine Erwartungen. Die Menschen waren begeistert. Einige fragten, ob wir öfter hier spielten. Wir waren überwältigt von den Reaktionen und dem Zuspruch. Selbst Mika, der bereits einige positive

Erfahrungen bei Auftritten gesammelt hatte, war fasziniert von dem Geschehen.

Dankbar und glücklich traten wir unseren Heimweg an. Wir saßen noch lange beisammen an diesem Mittsommerabend. Der Himmel war klar und voller Sterne. Wir ließen den Abend Revue passieren. Unser Verdienst war unglaublich, der Gitarrenkoffer randvoll mit Geld. Ich hatte das Gefühl, mich endlich richtig spüren zu können und auf dem richtigen Weg zu sein. Mika schien es ähnlich zu gehen. Er wirkte so gelassen und voller Vertrauen in die Zukunft, wie ich ihn noch nie erlebt hatte, seit ich ihn kannte.

In diesen Momenten der Freude, war Marie immer die Erste gewesen, der ich von meinen Erlebnissen berichtete. Ich vermisste sie so sehr und hätte ihr unglaublich gerne von diesem wahnsinnigen Abend erzählt. Sie wäre sicher stolz auf mich gewesen. Ich fragte mich, ob sie mich auch vermisste.

Am nächsten Morgen erwachten wir erst spät. Ich öffnete den Reißverschluss meines Zeltes. Mika musste erst kurz vor mir aufgestanden sein, denn er rieb sich gerade verschlafen die Augen.

Als er mich bemerkte, begrüßte er mich lächelnd.

»Guten Morgen, du Superstar.«

Ich musste lachen und verneigte mich vor ihm.

»Ebenfalls, guten Morgen Superstar-Kollege.«

Wir lachten und umarmten uns glücklich. Es war tatsächlich wahr, der Abend war ein voller Erfolg gewesen. Wir frühstückten und begannen bereits mit der Planung weiterer Auftritte. Wir wollten unbedingt an unseren

Erfolg anknüpfen und an diesem Abend erneut für die Menschen spielen. Wir änderten unser Programm nur leicht, änderten die Reihenfolge und ergänzten ein paar Titel. So fühlten wir uns gut vorbereitet. Ich war noch immer aufgeregt, doch nun hatte ich mein Debüt gegeben und die erste große Anspannung war verflogen. Es war nun eher eine freudige Aufregung, die ich fühlte. Ich war gespannt, was dieser zweite Abend uns bringen würde.

Doch zunächst lag ein wunderschöner Junitag vor uns. Die sommerlichen Temperaturen hielten bereits einige Tage an. Die Menschen genossen diesen Umstand und kamen in Scharen zum Schwimmen, denn das war nicht selbstverständlich. Die Sonnenstrahlen suchten sich ihren Weg durch die Baumkronen und kitzelten uns an der Nase. Die Sonne erweckte immer wieder die Lebenslust in mir, brachte mir Freude und Energie. Auch wir nutzten den Tag, um im See zu baden.

Am Abend machten wir uns wieder auf den Weg zum Müggelsee. Auch heute stieg meine Anspannung mit jedem Schritt. Mika kannte mich schon gut genug, er bemerkte meine innere Wandlung und versuchte mich zu beruhigen.

»Es wird alles gut werden, Liam. Wir schaffen das!«

»Ich weiß, Mika. Ich bin nur schon wieder so aufgeregt.«

»Das gehört dazu, Liam. Ich bin vor jedem Auftritt etwas nervös. Das ist das beste Zeichen dafür, dass dir etwas wichtig ist. Wenn du keine Nervosität mehr spürst, sind das Feuer und damit deine Leidenschaft für diese Sache erloschen. Also freue dich über deine Aufregung und nutze sie als deinen Freund.« Mika zwinkerte mir zu.

»Ich dachte, du wärst nicht mehr aufgeregt. Du wirkst immer so ruhig.«

Mika antwortete nicht, er sah mich nur an. Das war die Kunst. Er hatte mich wieder ein Stück weitergebracht.

Wir waren zur selben Uhrzeit am selben Ort. Als wir ankamen, saßen tatsächlich schon einige bekannte Gesichter vom gestrigen Abend mit Decken auf dem Gras. Sie hatten Getränke, kleine Fingerfood-Häppchen und gute Laune mitgebracht. Wir sahen uns verwundert an. Mika lächelte den Menschen zu und begrüßte sie mit erhobener Hand. Ich tat es ihm gleich. Mein Herz hüpfte. Sie waren wegen uns gekommen.

Es war ein lauer Samstagabend. Wir starteten wieder gegen 20.00 Uhr. Mika ließ die ersten Gitarrenakkorde erklingen und ich stimmte mit meinem Gesang ein. Die ersten Töne fühlten sich erneut etwas holprig an, doch wir fanden schnell in unseren Flow. Die Menschen strömten aus allen Richtungen herbei, angelockt von unserer Musik. Es waren weit mehr als am Vorabend. Die Stimmung war ausgelassen und entspannt. Ein Blick ins Publikum reichte, um den Versuch zu wagen, ein selbstkomponiertes Stück anzustimmen, das Finale unseres Auftritts. Denn bisher hatten wir lediglich Songs gecovert. Der Zeitpunkt war perfekt und wir erreichten die Menschen mit unserer Musik. Ich blickte mich um und sah in unzählige lächelnde Gesichter. Ich spürte Dankbarkeit in jeder Zelle meines Körpers, dieses Gefühl war einfach unbeschreiblich. Wir hatten nicht einmal ein Mikrofon, und doch wir hatten alles, was wir brauchten, in uns. Unsere Botschaft erreichte die Menschen. Wir waren beide erfüllt von dieser Erkenntnis und wurden mit tosendem Applaus belohnt. Hier standen wir also, vor der Kulisse des wunderschönen Müggelsees, und feierten mit so vielen Gleichgesinnten das Leben. Es war wie ein Traum, ein Traum, der gerade erst begonnen hatte.

18

Die nächsten Tage erlebten wir wie einen Traum. Wir beschlossen, ab sofort jeden Abend, solange es das Wetter zuließ, an der Promenade des Müggelsees aufzutreten. Nun gab es viel zu tun. Wir schrieben neue Texte und entwarfen, je nach Wochentag, wechselnde Programme. Die Auftritte waren jeden Tag gut besucht. Natürlich hing die Zuschauermenge vom Wetter und vom Wochentag ab. Doch wir sahen immer wieder bekannte Gesichter. Es gelang uns, eine kleine Fangemeinde aufzubauen und unsere Auftritte sprachen sich durch Mund-zu-Mund Propaganda schnell herum. Unser Publikum repräsentierte alle Bevölkerungsschichten. Wir lebten einen wunderschönen Traum und das Wichtigste war, es machte uns eine Menge Spaß. Wir taten es aus Freude und für die Menschen, die uns zuhörten. Mit der Musik konnten wir unserer Kreativität freien Lauf lassen. In dieser Zeit entstanden einige Meisterwerke.

Die Menschen waren dankbar für unsere abendlichen Open-Air-Konzerte und unser Gitarrenkoffer war jeden Abend gut gefüllt. Wir konnten tatsächlich nach einer gewissen Zeit gut von unserer Straßenmusik leben. Der Müggelsee war unser Platz. Hier passte alles für unsere Auftritte und es kamen uns keine anderen Straßenmusiker in die Quere. Es hatte sich bereits in der Szene herumgesprochen, dass wir dort unsere Basis hatten. Wir hatten bisher noch nie Probleme bekommen. Auch unserem Lager blieben wir treu. Das Geld vergruben wir an einem geheimen Platz im Wald. Doch mit jedem neuen Verdienst am Abend machte ich mir auch immer wieder Gedanken über unsere Sicherheit. Ich wusste, dass dieses negative Denken sich manifestieren konnte. Doch die Angst, alles zu verlieren, beschlich mich trotzdem. Offensichtlich hatte ich noch nicht alle alten Muster aufgelöst. An manchen Tagen, meist dann, wenn ich nicht ganz bei mir war, kostete es mich enorme Anstrengung, meine Gedanken zu kontrollieren.

Zudem brachte uns ein unangenehmer Vorfall, zum Nachdenken. Ein aggressiver Mann hatte eines Abends versucht, sich aus unserem Gitarrenkoffer zu bedienen, hatte uns dabei beleidigt und beschimpft. Gemeinsam mit unseren Zuschauern konnten wir, das Schlimmste verhindern. Doch der Schock saß tief.

Natürlich musste man als Künstler immer mit Kritik, Neid und Missgunst rechnen. Doch wir mussten erst noch lernen, damit umzugehen, uns davon abzugrenzen und daran zu wachsen. Wir waren durch unsere Musik zu öffentlichen Personen geworden, wenn auch nur in kleinem Rahmen.

Irgendwann kam der Tag, an dem wir es uns locker hätten erlauben können, nicht mehr in einem Zelt zu übernachten. Doch wir entschieden uns dafür, noch etwas zu bleiben. Wir hatten Gefallen an dem Leben in der Natur gefunden. Es war bereits August geworden und wir spielten seit einigen Wochen allabendlich unsere Konzerte. Ich konnte unseren Erfolg immer noch nicht fassen. Es machte mich sehr glücklich, doch in den vergangenen Tagen hatte ich immer häufiger über die Vergangenheit und damit auch über Marie nachgedacht. Ich vermisste sie an jedem Tag. Mein altes Leben schien mir so weit weg und ich überlegte, ob ich den Versuch wagen sollte, sie zu besuchen.

Ich hatte es während der letzten Wochen geschafft, komplett im Moment, im Jetzt zu leben. Ich wusste: Ich war nicht meine Vergangenheit und ich war nicht meine Zukunft. Nur im Moment passierte das Leben. Nur hier war es mir möglich, loszulassen und frei zu sein. Nur hier war es mir möglich, meine Zukunft in meinen Visionen zu fühlen, zu erschaffen und zu leben.

Gleichzeitig wusste ich jedoch auch, dass es noch einiges loszulassen gab. Ich schaffte es immer öfter, mich hinzugeben und diesen Frieden zu spüren. Doch so manches Mal ertappte ich mich immer noch dabei, dass ich an Vergangenem festhielt, es analysierte oder mich darüber definierte. Ich wusste, der Tag würde kommen, an dem ich bereit war, wirklich alles gehen zu lassen. Genauso wie ich wusste, dass der Tag kommen würde, an dem ich wieder zu Marie finden würde. Doch langsam schien es mir an der Zeit, die Zukunft weiter zu planen. Wir mussten uns auch eine Zukunftsvision für die Band erschaffen.

Der Tag, an dem sich unser Leben für immer verändern sollte, war gekommen. Wir waren gerade dabei, alles für unseren Auftritt vorzubereiten, als uns jemand ansprach.

»Hey, ihr beiden. Gratuliere. Es ist der Wahnsinn, was da gerade im Netz passiert.«

Wir drehten uns um und vor uns stand Tom, ein treuer Fan. Er war, wie wir, ebenfalls der Musik verfallen. Er bemerkte unsere Überraschung.

»Ihr wisst nicht, wovon ich spreche, stimmt´s?«, fragte er grinsend.

»Nein«, erwiderten wir gleichzeitig.

»Dann kläre ich euch mal auf.«

Tom hielt uns sein Handy vor die Nase. Ein Video zeigte uns beide, spielend und singend vor der traumhaften Kulisse des Müggelsees. Das Video musste jemand auf YouTube gestellt haben. Es war bereits tausendfach angeklickt worden und hatte hunderte positive Kommentare erhalten. Wir sahen uns ungläubig an und waren uns nicht sicher, was wir davon halten sollten. Wir freuten uns natürlich, doch unter die Freude mischte sich noch ein weiteres, ein bedrückendes Gefühl, welches ich in diesem Augenblick nicht richtig deuten konnte.

An diesem Abend passierte etwas Unglaubliches. Die Menschen kamen scharenweise zu unserem Auftritt. Sie feierten uns wie große Stars, applaudierten und jubelten uns zu. Im Park herrschte eine magische Atmosphäre. Die Menschen lachten, weinten, umarmten sich und hielten sich an den Händen. Mehrere hundert Menschen sangen gemeinsam unsere Lieder. Eine Gänsehaut überzog meinen gesamten Körper. Selbst die Polizisten, die wegen dem großen Trubel gerufen worden waren, ließen sich von der Atmosphäre mitreißen. Nach unserem Auftritt verbeugten wir uns in Demut vor der Menge. Diesen Moment würde ich für immer in meinem Herzen tragen.

Es war magisch, als aus meiner Vorstellung Realität wurde. Ich ließ die Magie geschehen.

Ich hatte genau dieses Bild bereits in einer meiner Visionen gesehen. Und dann wurde mir klar, dass ich mir in dieser Vision keine Gedanken über die weiteren

Umstände, die dieses Szenario mit sich brachte, gemacht hatte. Nun war unsere Welt eine andere und auch unser Leben würde ein anderes sein. Es würde nie wieder so sein wie früher. Ich selbst wusste dies am besten, denn ich hatte schon viele Künstler auf ihrem Weg begleitet. Die Menschen würden jetzt, uns als Personen immer besser kennen lernen wollen.

Nach diesem Auftritt saßen Mika und ich noch eine Weile vor unseren Zelten beisammen. Wir hatten noch nie darüber gesprochen, was unsere nächsten Schritte sein würden. Natürlich wollten wir die Menschen mit unserer Musik erreichen. Doch es gab einige Fragen, die wir uns noch nie gestellt hatten, da sie bisher nicht relevant für uns gewesen waren. Wollten wir diese Bekanntheit und diese Aufmerksamkeit überhaupt? Denn schließlich konnte das ein Fluch und ein Segen zugleich sein. Unsere Motivation war bisher nicht das Berühmtsein gewesen. Wir wollten Menschen mit unserer Musik helfen, sie berühren, ihnen zur Seite zu stehen.

Das bedrückende Gefühl, dass ich bereits vor unserem Auftritt gespürt hatte, kam zurück. Diesmal war es mir möglich, es zu erfassen. Es war Angst. Eine Angst, die ich nur zu gut kannte: Es war die Angst, sichtbar zu werden, mich in meiner Wahrhaftigkeit zu zeigen, von anderen Menschen beurteilt zu werden.

Doch gleichzeitig wusste ich, was zu tun war. Es war okay, dass diese Angst nun da war, denn sie diente mir als Wegweiserin und Beschützerin. Ich musste nun erforschen, warum diese Angst da war. War sie in emotionalen Verletzungen aus der Vergangenheit begründet? Entstand sie aus alten Mustern oder waren alte, limitierende

Glaubenssätze der Grund für die Angst. Was auch immer die Gründe waren, sie standen mir auf meinem Weg zur Wahrhaftigkeit im Weg und es galt, sie zu erforschen. Denn nur so konnte ich die Person werden, die ich wirklich war. Ich war jetzt ein anderer Mensch und musste meinen Weg neu definieren. Ich war nun dabei, meinen Traum zu leben.

Wir sprachen an diesem Abend noch lange über die Liebe, das Universum, unsere Träume und über die Magie des Lebens. Mit Mika ging es mir wie mit Marie. Wir waren beide Träumer, liebten das Leben und wir wussten, dass es unsere eigene Bühne war, auf der wir bestimmen konnten, was und wie wir spielten. Wir waren nur vom Weg abgekommen, um uns komplett zu finden. Mika wurde mir vom Himmel geschickt.

An diesem Abend entschieden wir, den Schritt zu wagen und mit unserer Musik in die Welt zu gehen. Wir erlaubten uns, groß zu denken und unseren Teil dazu beizutragen, die Welt zu einem besseren Ort zu machen. Dies war schon seit Kindheitstagen mein sehnlichster Wunsch gewesen. Jetzt war es Zeit, damit rauszugehen, auch wenn dies bedeutete, sichtbar zu werden. Jeder Traum erforderte es, mutig zu sein. Und wir wollten mutig zu sein. Wir beschlossen realistisch zu sein und ein Wunder zu planen.

Diese Nacht veränderte unser Leben für immer.

19

Ich spürte einen dumpfen Schlag, hörte Schreie, es flogen Dinge durch die Luft und plötzlich schmeckte ich Blut auf meinen Lippen. Dann verschwamm mein Bewusstsein und alles wurde schwarz. Ich fiel und fiel. Und dann war da nichts mehr, außer Stille.

Irgendwann schien ich mich in einem Zustand außerhalb von Raum und Zeit zu befinden. Ich sah meine Mutter auf mich zukommen, umgeben von hellem Licht. Sie war wunderschön. Ich konnte nicht greifen, was hier gerade passierte, hatte das Gefühl, zu träumen. In den vergangenen Wochen hatte ich zwar immer wieder ihre Stimme gehört, doch das hier wirkte real. Tränen flossen über meine Wangen. Es war ein großes Geschenk für mich, meiner Mutter wieder so nah zu sein. Ich hatte endlich wieder die Verbindung zu ihr hergestellt. Früher hatte ich oft diese Träume von ihr gehabt, in denen sie immer ein Wegweiser für mich gewesen war.

Ich fragte in die Stille hinein: »Mama, wo warst du nur so lange?«

»Liam, mein Engel. Ich war immer bei dir und ich werde immer bei dir sein, wenn du mich brauchst. Du hast mich nur nicht immer gehört.«

»Das heißt, du gibst mir wirklich die Antworten auf all meine wichtigen Fragen?«

»Ja, wenn du mich darum bittest, werde ich dir immer helfen. Die Antworten findest du aber auch in dir selbst.

Du trägst sie bereits in dir. Alles ist gut, du bist auf dem richtigen Weg. Lass dich von deinen Zweifeln und Ängsten nicht von ihm abbringen. Erinnere dich daran: Sie können dir ein Wegweiser sein, wenn du sie einfach einen Moment da sein lässt. Aber verfange dich nicht in ihnen und lass sie wieder ziehen. Du bist beschützt. Du bist sicher. Hab wieder Vertrauen in das Leben und in dich.«

Ich merkte, dass ihre Stimme immer leiser wurde. Ihre Gestalt verschwamm im Licht. Ich wurde panisch, sie durfte nicht schon wieder gehen. Doch dann wurde mir schlagartig bewusst, dass sie gar nicht ging. Sie war immer bei mir. Sie, ich selbst und das gesamte Universum hatten mich durch diese schwere Zeit getragen. Ich spürte einen tiefen Frieden in mir. Doch es war immer noch schwarz um mich herum.

Ich versuchte meine Augen zu öffnen, was mir kaum gelang. Ich hatte das Gefühl, hin und wieder etwas Helles zu sehen, wie ein flackerndes Licht. Langsam wurde es immer heller. Ich hörte Stimmen, sie hörten sich an, als kämen sie aus weiter Ferne. Ich versuchte erneut, meine Augen zu öffnen. Diesmal funktionierte es besser, ich konnte Konturen erkennen. Es war alles wie in einen Nebel getaucht.

»Liam, ich bin da.«

Ich kannte diese Stimme. Sie war mir so vertraut. Meine Sicht wurde langsam klarer. Und dann tauchte sie im Nebel auf. Marie.

Sie war bei mir, saß neben mir und hielt meine Hand. Ich blickte mich vorsichtig um, doch ich ließ es gleich wieder sein. Ein hämmernder Schmerz durchfuhr meinen Kopf.

»Marie, wo bin ich?«, krächzte ich mit belegter Stimme.

»Du bist im Krankenhaus, Liam«, erklärte mir Marie sanft.

»Was ist passiert?«, fragte ich verwirrt.

»Du hattest einen Unfall.«

»Einen Unfall?«

Ich war verwirrt. Ich konnte mich an nichts erinnern. Mein Kopf dröhnte. Ich war doch gerade noch in meinem Zelt neben Mika im Wald eingeschlafen.

»Mika, wo ist Mika?«, fragte ich aufgeregt.

»Er ist okay.« Marie deutete auf das Bett neben meinem. Da lag er. Mika hatte einen verbunden Arm und Blessuren im Gesicht.

»Mika, wie siehst du denn aus?«

Ich war erschrocken über sein Aussehen.

»Liam, Gott sei Dank. Du bist wieder da! Wie geht es dir?«, fragte er besorgt. Ihm rannen Tränen der Erleichterung über die Wangen.

»Mein Kopf tut weh. Was ist bloß passiert?«

»Liam, wir wurden gestern Nacht von einem Unwetter überrascht. Ein Blitz ist neben unseren Zelten eingeschlagen.«

»Ein Blitz ist neben uns eingeschlagen?«, fragte ich ungläubig. Das konnte doch nicht wahr sein.

»Ja, Liam. Ich hatte versucht, dich aus dem Zelt zu retten. Doch ein großer Ast hat dich am Kopf erwischt. Es tut mir leid, ich habe es nicht rechtzeitig geschafft«, entgegnete Mika bedrückt.

»Du musst dich doch nicht entschuldigen, Mika. Danke, mein Freund. Dafür werde ich dich immer lieben.«

Mir war es leider nicht möglich aufzustehen, um zu Mika zu gehen. Ich brauchte einen Augenblick, um die Bilder in meinem Kopf zu sortieren.

Ich konnte mich an nicht viel erinnern. Ich hatte geschlafen und dann war da plötzlich dieser dumpfe Schlag und danach lange nichts mehr, bis ich letztendlich hier aufgewacht war.

Ich sah Marie an. In ihren Augen spiegelte sich tiefe Liebe.

»Marie, wie hast du mich gefunden?«

»Liam, ich bin noch immer dein Notfallkontakt. Das Krankenhaus hat mich informiert. Ich bin froh, dich endlich wieder zu sehen. Du warst wie vom Erdboden verschluckt.«

Ich küsste zärtlich ihre Hand.

»Ich habe dich so vermisst, Marie.«

»Ich dich auch, Liam.«

Es gab viel zu erzählen, das wussten wir beide. Doch im Moment zählte es nur, dass Marie an meiner Seite war. Ich war trotz allem, was ich gerade erfahren hatte, noch immer in diesem Gefühl des tiefen Friedens.

Es betraten drei Ärzte den Raum. Als sie sahen, dass ich bei Bewusstsein war, erhellte sich ihre Miene.

»Herr McMurphy, Sie sind wach, das ist schön. Wie fühlen Sie sich?«, begrüßte mich einer der Ärzte.

Sie traten an mein Bett und einer von ihnen leuchtete mir in die Augen.

»Mein Kopf tut weh.«

»Ja, einer der herabfallenden Äste hat Sie schwer am Kopf verletzt. Wir werden noch einige Untersuchungen durchführen, um weitere Verletzungen auszuschließen.«

Ich nickte und signalisierte so mein Einverständnis. Das hätte ich besser unterlassen sollen. Ein heftiger Stich durchfuhr erneut meinen Kopf.

»Ruhen Sie sich aus, Herr McMurphy.«

Sie wandten sich Mika zu, um sich ebenfalls einen Eindruck über seinen medizinischen Zustand zu verschaffen. Ihm ging es den Umständen entsprechend gut.

»Sie hatten eine ganze Schar von Schutzengeln, meine Herren. Es ist ein Wunder, dass Sie noch leben.«

Mit diesen Worten verließen sie unser Zimmer. Nun wurde mir erst bewusst, welches Glück wir gehabt haben mussten. Mika berichtete mir von dem Unglück. Uns beiden war klar, dass unsere Zeit am Müggelsee damit zu Ende ging.

Marie hörte aufmerksam aber schweigend zu. Ich kannte sie gut genug, um zu sehen, dass sie versuchte, uns zu folgen und das Chaos, das in ihrem Kopf herrschen musste, zu sortieren. Ich nahm mir vor, ihr alles bis ins kleinste Detail zu erzählen. Doch für heute war es genug für mich. Mein Kopf schmerzte und ich war sehr müde. Es war mir kaum mehr möglich, meine Augen offen zu halten.

In diesem Moment kam wie aus dem Nichts unsere diensthabende Krankenschwester zur Tür hinein.

»So, die Besuchszeit ist zu Ende. Bitte, verabschieden Sie sich. Es ist nun Zeit, sich auszuruhen.«

Ich war erleichtert und dankbar. Marie verabschiedete sich und verließ unser Zimmer.

»Bis morgen, ihr beiden. Schlaft gut.«

Sie war ein Engel. Sie nahm die Situation an, wie sie war. Sie fragte nicht, sie kämpfte nicht, sie warf mir nichts vor. Sie war einfach da.

Ich sah zu Mika und er lächelte. Mika kannte Marie aus meinen Erzählungen. Er wusste, um unsere Geschichte, kannte beinahe jedes Detail. Er war der Erste, dem ich alles erzählt hatte.

»Sie ist ein Engel. Aber jetzt schlaf, Liam. Wir sprechen morgen.«

Auch er war ein Engel. Ich schloss die Augen und sank in einen tiefen, traumlosen Schlaf.

Am nächsten Morgen erwachte ich früh, um dann festzustellen, dass ich noch immer im Krankenhaus lag und sich unser Leben tatsächlich von einem auf den anderen Tag auf den Kopf gestellt hatte.

Mein Kopf schmerzte nicht mehr so stark, wie am Vortag. Im Zimmer war es still. Mika schlief noch und auch auf den Fluren war nichts zu hören. Ich sah aus dem Fenster. Die Sonne bahnte sich langsam ihren Weg aus der Dunkelheit. Ich ließ das Geschehene noch einmal vor meinem inneren Auge ablaufen, doch meine Erinnerung kam nicht vollständig zurück. Es war wahrscheinlich besser so. Die Frage nach dem »Warum?«, nach der Bedeutung dieses Unglücks quälte mich dennoch und ließ erneut meinen Kopf schmerzen. Ich wusste, dass dies erneut eine Lernaufgabe für mich war, an der ich wachsen konnte. Die Essenz daraus zu ziehen, darin lag die Schwierigkeit.

Da erinnerte ich mich wieder an die Ängste, die ich in den Tagen vor dem Unglück immer stärker vor unseren Auftritten verspürt hatte. Es konnte tatsächlich sein, dass ich mit der Schwingung meiner Angst zu diesem Unglück beigetragen hatte. Denn leider funktionierte das Gesetz der Anziehung bekanntlich in beide Richtungen. Dies hatte ich bereits in meiner Vergangenheit schmerzlich erfahren müssen, auch wenn ich mir dessen erst später bewusst wurde.

Ich beobachtete durch das Fenster, wie die Welt draußen langsam erwachte. Ich war dankbar für diesen Moment der Stille und sah Marie vor mir. Das Leben hatte sie wieder zu mir geführt. Alles war gut, wie es war. Und alles, was geschehen war, sollte wohl geschehen. Zum Glück war uns nichts Schlimmeres geschehen, lediglich unser Zeltlager war bei dem Unwetter zerstört worden. Doch mir war ohnehin bereits klar gewesen, dass Mika und ich nicht für immer im Wald leben konnten. Wir waren sowieso gerade dabei, neue Pläne zu schmieden.

Das Gähnen von Mika riss mich aus meinen Gedanken.

»Guten Morgen, Mika. Wie geht es dir?«, fragte ich in die Stille.

»Guten Morgen, Liam. Mir geht es gut. Die Schmerzen am Arm sind viel besser.«

»Das freut mich. Verrückt, was alles passiert ist in den letzten Wochen, oder?«

»Oh ja …«

Mika blickte nachdenklich aus dem Fenster. Nun war die Zeit für eine große Veränderung gekommen. Es lag Melancholie in der Luft.

»Liam, wie geht es jetzt weiter?«

»Wir brauchen einen Plan, Mika.«

»Was ist mit Marie? Du hast sicher erstmal einiges mit ihr zu klären. Sie ist wunderbar. Du hast nicht übertrieben. Ich denke, das Leben gibt euch nun eine zweite Chance.«

»Ja, du hast Recht. Ich denke, ich sollte später mit ihr sprechen. Und wir beide machen die nächsten Tage einen Plan für unsere musikalische Zukunft.«

Wir wurden von einem Klopfen an der Zimmertür unterbrochen. »Guten Morgen, die Herren.«

Eine ganze Schar Ärzte betrat zur Morgenvisite unser Zimmer. Das Zimmer war bedenklich klein für diese vielen Menschen.

»Wir haben heute einige Studenten zur Visite dabei. Ich hoffe, das ist für Sie in Ordnung«, klärte uns der Oberarzt auf.

Wir sahen uns an und nickten. Der Oberarzt stellte uns vor und beschrieb seinen Kollegen unseren Gesundheitszustand. Es entstand ein wildes Getuschel. Der Oberarzt war sichtlich irritiert von der Unruhe.

»Ruhe bitte«, mahnte er.

Doch die Studenten waren nicht zur Ruhe zu bringen.

»Was um Himmels Willen ist hier los? Herr Magold, würden Sie uns bitte am Grund dieser Unruhestiftung teilhaben lassen?«, forderte Prof. Dr. Weiler, der Oberarzt, einen Studenten auf, der am lautesten tuschelte.

Der Student schien sich ertappt zu fühlen, denn seine Gesichtsfarbe glich nun der einer Tomate. Er stammelte zu Beginn etwas Unverständliches vor sich hin.

»Herr Magold, geht es etwas lauter?«, bat Prof. Dr. Weiler.

»Ja, Herr Professor. Es ist so: Einige von uns kennen die beiden. Sie sind vor einigen Tagen zu Berühmtheiten im Internet geworden«, erklärte der Student.

Er traute sich dabei kaum, uns anzusehen. Der Professor wusste nicht recht, was er mit dieser Information anfangen sollte.

»Aha…«, erwiderte er sichtlich ratlos.

Nun meldete sich ein weiterer Student zu Wort.

»Ihr beiden seid echt Wahnsinn. Eure Musik ist super. Ich war auch schon bei einem eurer Open-Air Konzerte«, sagte er. Die anderen stimmten ihm zu. Von allen Seiten flogen nun Kommentare in den Raum.

»Eure Reichweite ist der Hammer.«

»Stimmt es, dass ihr im Wald lebt?«

»Eure Stimmen haben Gänsehautfaktor.«

»Hat bei euch tatsächlich der Blitz eingeschlagen?«

Nun war der Tumult nicht mehr zu stoppen. Alle redeten wild durcheinander. Wir schauten uns nur ratlos an, bis ein Schrei den Raum durchdrang, »Ruheeee!«

Der Professor versuchte, wieder Herr der Lage zu werden. Im nächsten Augenblick standen auch noch zwei Polizisten und Marie in der Tür. Das Chaos war perfekt.

Endlich war es still im Raum. Prof. Dr. Weiler gab den Studenten und Ärztekollegen das Zeichen, unser Zimmer zu verlassen. Er signalisierte uns, dass sie später wieder kommen würden.

Eine der Polizisten nickte ihm dankend zu. Marie wollte ebenfalls draußen warten. Doch ich bat sie: »Bitte, bleib.«

Sie blieb und hörte sich gemeinsam mit uns an, was die Polizei zu sagen hatte. Es hatte tatsächlich einen Blitzeinschlag unweit unseres Lagers gegeben, das hatte ein Sachverständiger festgestellt. Es gab keinerlei Hinweise auf Brandstiftung oder Fremdeinwirkung. Der Blitzschlag hatte das Feuer verursacht, welches unser Lager zerstörte. Erstaunlicherweise fanden die Ermittler unsere Einnahmen unbeschadet im Waldboden vergraben auf. Dieses Geld übergaben sie uns zusammen mit einem Foto, das Marie und mich an unserem Hochzeitstag auf den Seychellen zeigte. Ein wunderschönes Zeichen des Universums, denn viel mehr war nicht zu retten gewesen.

»Es ist wirklich ein Wunder, dass Sie beide das überlebt haben«, beendete der Polizist seinen Bericht und verließ dann gemeinsam mit seiner Kollegin unser Zimmer.

Wir sahen uns dankbar an. Mika stieg aus dem Bett und umarmte mich wortlos. Es war, als könnten wir beide, erst jetzt unser großes Glück richtig begreifen. Wir waren beschützt und dieses Unglück war kein Unglück gewesen, sondern nur eine Warnung des Lebens. Und wir nahmen diese Warnung ernst.

Die Tatsache, dass Mika mir das Leben gerettet hatte, verband uns noch viel enger als je zuvor. Ich würde ihm ewig dankbar sein. Unsere Zeit war offensichtlich noch nicht gekommen, wir hatten noch eine Aufgabe zu erfüllen. Und diese Aufgabe galt es nun anzugehen. Der Frieden, den wir in diesem Moment spürten, breitete sich im gesamten Raum aus. Auch Marie war tief berührt von dieser Energie, ihr flossen Tränen die Wangen hinunter.

Die nächsten Tage galten unserer Erholung. Die Ärzte wollten uns noch einige Tage beobachten, aber dann sollten wir bald das Krankenhaus wieder verlassen können. Doch wohin würden wir gehen? Es gab vieles zu klären.

Ich wollte mit Marie eine Weile allein sein. Die Schwester erlaubte mir einen Spaziergang. Also machten wir uns auf den Weg in den nahegelegenen Park. Wir suchten uns einen ruhigen Platz auf einer Bank und redeten. Ich erzählte Marie alles über die letzten Wochen, ließ kein Detail aus. Ich bat sie um Verzeihung dafür, dass ich kein Lebenszeichen von mir gegeben hatte. Ich erklärte ihr, dass ich nicht gewusst hatte, wie sie reagieren würde und ob sie überhaupt Kontakt mit mir gewollt hätte. Ich gestand ihr, dass ich sie jeden Tag unendlich vermisst und an sie gedacht hatte. Zu meiner großen Erleichterung war es ihr ebenso gegangen.

Ich umarmte sie sanft und flüsterte ihr ins Ohr: »Ich lass dich nie wieder gehen. Ich liebe dich, Marie.«

»Ich liebe dich auch, Liam.«

Wir beschlossen, dass ich wieder zurück in unsere gemeinsame Wohnung zog. Es gab einiges aufzuarbeiten in den kommenden Wochen. Marie schlug vor, Mika zu uns einzuladen. Sie hatte sogar bereits einen Zweitschlüssel für Mika dabei, den sie mir in die Hand drückte. Und in diesem Moment wurde mir zum wiederholten Male bewusst, welch wunderbarer Mensch diese Frau war. Tränen der Dankbarkeit flossen über mein Gesicht, »Danke, Marie.«

Wir küssten uns innig und tausende Schmetterlinge flatterten durch meinen Bauch. Meine Gefühle für Marie waren so stark, wie nie zuvor. Ich konnte mein Glück kaum fassen, als wir engumschlungen zurück zum Krankenhaus schlenderten. Ich fühlte mich, wie ein frisch verliebter Teenager.

Auf der Station empfing uns die Schwester mit den Händen in den Hüften: »Herr McMurphy, haben Sie mal auf die Uhr gesehen?«

Ich lächelte verlegen. Doch sie musste ebenfalls grinsen.

»Na gut, dann will ich mal nicht so streng sein«, witzelte sie und lenkte mich ins Zimmer. Sie zwinkerte Marie zu.

Marie verabschiedete sich von Mika und mir. Mikas Miene verriet mir bereits, dass er wusste, wie es um mich stand.

»Na, Liam, wie war es?«, fragte er mit hochgezogenen Augenbrauen.

»Es war schön, Mika. Es war unglaublich schön. Ich glaube, ich habe meine Frau zurück.«

Ich fühlte mich, als könnte ich die ganze Welt umarmen. Das Grinsen war nicht mehr aus meinem Gesicht zu bekommen. Ich legte Mika den Schlüssel zu unserer Wohnung in die Hand.

»Herzlich willkommen in deinem neuen Leben, Mika.«

20

Das war der Startschuss zu unserem neuen Leben. Mika war sprachlos über meine Geste. Am nächsten Tag wurden wir gemeinsam aus dem Krankenhaus entlassen, Marie wartete schon mit dem Auto vor dem Eingang auf uns. Meine Gefühle fuhren Achterbahn. Ich freute mich, war aufgeregt und zugleich war mir mulmig zumute. Ich war nun mehrere Monate nicht mehr zuhause gewesen. Ich war mir unsicher, wie es sich wohl anfühlen würde, in mein altes Leben zurückzugehen. Ich hatte Angst, wieder in alte Muster zu fallen und meinen inneren Frieden zu verlieren. Mit jedem Kilometer, den wir uns unserer Wohnung näherten, wurde ich unruhiger. Ich schloss die Augen und atmete tief ein und aus. Meine Gedanken beruhigten sich unmittelbar und auch mein Atem wurde ruhiger. Ein warmes Gefühl breitete sich in meinem Körper aus.

Ich hörte die Stimme meiner Mutter in meinem Kopf: *»Liam, hab keine Angst. Du kannst nichts verlieren. Das bist du. Du bist endlich du selbst geworden. Du hast Glaubenssätze, Gewohnheiten, Muster und Verletzungen abgelegt. Du weißt, um deine Werte. Du bist der Songwriter deines eigenen Lebens geworden. Es ist alles gut. Jetzt ist es Zeit, dein neues Lied zu schreiben, mein Engel.«*

Sie hatte Recht. Mein altes Leben in dieser Form war nur noch Vergangenheit. Ein leeres Blatt lag vor mir. Alles, was ich hatte, war dieser Moment. Es war Zeit, einen neuen Song zu schreiben, den Song meines Lebens.

»Liam, ist alles in Ordnung?«, fragte mich Marie. Ihr Blick ruhte auf mir. Ich saß ruhig und mit geschlossenen Augen auf dem Beifahrersitz, tief in mir versunken, sodass ich nicht mitbekommen hatte, dass wir bereits angekommen waren. Wir standen in der Tiefgarage. Mika war schon ausgestiegen und dabei, die Umgebung zu inspizieren.

Wir gingen die Treppen nach oben zu unserer Wohnung. Das Kribbeln in meinem Körper wurde mit jedem Schritt stärker. Ich freute mich, endlich wieder hier zu sein. Marie steckte den Schlüssel ins Schloss und sah mich lächelnd an.

»Willkommen zuhause«, sagte sie sanft.

Mika ließ mir den Vortritt. Er wusste, was es mir bedeutete, nach Hause zu kommen. Ich betrat die Wohnung. Es fühlte sich fremd und vertraut zugleich an. Ich musste meine Gefühle ordnen. Mika folgte mir auf Schritt und Tritt. Seine Reaktion vertrieb alle melancholischen Gedanken. Er feierte das Leben und wir feierten mit ihm.

Mika hüpfte und sprang durch die Wohnung. Er freute sich wie ein kleines Kind über den zauberhaften Balkon, die wunderschöne Wohnung und sein Zimmer.

»Ich bin im Paradies gelandet«, wiederholte er immer wieder.

Marie war sofort verzaubert von ihm. Wir lachten und freuten uns mit ihm. Es war schön, wieder hier zu sein. Das Gefühl des Fremdseins wich einer wohligen, freudigen Zukunftsstimmung.

Wir verbrachten einen schönen Spätsommerabend zu dritt auf unserem Balkon. Wir hatten gemeinsam gekocht und saßen dann lange beisammen. Marie und Mika verstanden sich gut. Es war schön für mich zu sehen, dass die beiden ebenso auf einer Wellenlänge waren, wie Mika und ich. Obwohl ich daran bereits zuvor keinen Zweifel hatte. Es war schon spät, als es plötzlich zu regnen begann. Wir packten so schnell wir konnten alles zusammen und brachten es nach drinnen. Marie und ich standen uns klitschnass in der Küche gegenüber und lachten. Mika stand noch immer draußen auf dem Balkon. Mit ausgebreiteten Armen streckte er sein Gesicht Richtung Himmel. Wir sahen uns an. Ich zog Marie eng an mich und küsste sie. Es war ein magischer Moment. Alles war perfekt.

Mika tapste einige Zeit später ins Wohnzimmer. Er hinterließ deutliche Spuren auf dem Wohnzimmerboden. Wir scheuten beide den Regen nicht mehr, jetzt, wo wir im Wald gelebt hatten. Wir hatten oft in unserem Zelt gelegen und den prasselnden Regentropfen zugehört. Es wirkte sehr beruhigend, solange es nicht zu stark regnete. Denn dies hatte leider dazu geführt, dass unsere Zelte in Planschbecken verwandelt wurden. Unsere anfängliche Begeisterung über diesen Umstand, war nach dem dritten Sommerschauer merklich kleiner geworden.

Mika blockierte erst einmal das Bad, um dann glückselig in seinem eigenen kleinen Reich zu verschwinden. Ich freute mich mit ihm. Marie und ich gingen nach ihm ins Bad. Als Marie sich wie selbstverständlich vor mir auszog, schnappte ich nach Luft. Mein Körper reagierte sofort. Wir stiegen gemeinsam in die Dusche, um uns wieder aufzuwärmen. Es war ein wunderbares Gefühl, das prasselnde Wasser auf meinem Körper zu spüren. Ich genoss die Dusche, als wäre es die Erste, in meinem Leben. In den letzten Monaten war mir dieser Luxus nicht sehr häufig vergönnt gewesen. Meist hatte ich den See, eine öffentliche Toilette oder Dusche zur Körperpflege genutzt.

Ich schmiegte mich an Marie, schob meine Hand in ihren Nacken und küsste sie zärtlich. Sie erwiderte meinen Kuss und umarmte mich noch fester. Unsere Küsse wurden fordernder. Meine Hände wanderten zu ihrer Klitoris. Ich liebkoste sie zärtlich. Maries Erregung war deutlich zu spüren. Ich drückte sie gegen die Wand und hob sie hoch. Sie schlang die Beine um mich. Meine Erregung ließ meinen Körper zittern. Ich fasste mit meinen Händen unter ihren Po und schob mich langsam in sie. Wir bewegten uns sanft miteinander. Es war wunderschön, mir ihr zu verschmelzen. Ihre Beine klammerten sich fester um mich und ihre Finger vergruben sich in meinen Schultern. Unsere Lust trug uns, bis wir zusammen erlöst wurden. Wir ließen komplett los, unsere Körper vibrierten und dieses Kribbeln war noch lange zu spüren. Es war unglaublich. Ich hatte tatsächlich meine Frau wieder, war wieder zuhause. Ich liebte sie noch mehr als je zuvor. Diese Art der Liebe konnte ich nur mit ihr erleben. Es war so viel mehr. Es war Hingabe, es war Vertrauen, es war Einheit.

Am nächsten Morgen wachten wir engumschlungen in unserem großen King-Size-Bett auf. Der Himmel über Berlin war trüb und grau. Die Schauer in der Nacht hatten einen tristen Tag eingeläutet. Doch das störte uns nicht. Es war die perfekte Gelegenheit, den Tag gemütlich im Bett zu verbringen. Ich kuschelte mich an Marie und vergrub mein Gesicht in ihrem Nacken, ich liebte ihren Geruch. Wir hörten leise Geräusche aus der Küche. Irgendwann war es wieder still. Ich holte mir meinen Bademantel, um nach Mika zu sehen. Ich öffnete die Schlafzimmertür und ging in die Küche. Es war niemand dort. Doch ich traute meinen

Augen kaum als ich den Frühstücktisch sah. Mika hatte ein gigantisches Frühstück für uns gezaubert. Es gab alles, was das Herz begehrte. Frisches Obst, Brötchen, Gemüse, Müsli, Eier und sogar Orangensaft hatte er bereitgestellt.

Auf einem der Teller lag ein Zettel: »Guten Morgen ihr beiden. Ich wollte euch nicht stören. Ich bin unterwegs. Ich weiß nicht, wie ich euch jemals für eure Gastfreundschaft danken soll. Genießt euer Frühstück. Bis später. Mika«

Ich war gerührt von seiner Geste. Für mich war es jedoch selbstverständlich, dass Mika mit zu uns kam. Ich ging zu Marie und bat sie in die Küche. Sie freute sich ebenso über das Frühstück. Wir setzen uns und genossen die Köstlichkeiten. Es war schön, mit Marie zu frühstücken. Wir hatten uns so lange nicht gesehen und es gab vieles, was ich ihr noch erzählen wollte. Wir saßen eine gefühlte Ewigkeit beim Frühstück. Marie war fasziniert von meiner Reise. Sie sah mich immer wieder ungläubig an.

Irgendwann sagte sie dann zu mir: »Liam, ich kann es nicht glauben. Du bist immer noch mein Mann, aber du bist ein anderer Mensch geworden. Du strahlst, Liam, es ist wunderschön. Ich freue mich so für dich.«

Sie ging um den Küchentisch, setzte sich auf meinen Schoss und umarmte mich.

»Und ich freue mich auch, dass du Mika gefunden hast.«

In diesem Moment klingelte es an der Tür. Ich ging zur Sprechanlage und hob den Hörer ab.

»Liam, mach auf, ich bin´s«, keuchte Mika in die Sprechanlage.

Irritiert drückte ich den Türöffner, trat ins Treppenhaus und sah nach unten.

»Mika, ist alles in Ordnung? Was ist denn los?«, rief ich ihm entgegen.

So kannte ich ihn gar nicht. Es musste etwas passiert sein. Er sprang regelrecht die Treppen nach oben. Oben angekommen, blickte er sich suchend um und ließ schnaufend seinen Oberkörper nach vorne fallen. Ich klopfte ihm sanft auf den Rücken und führte ihn in die Wohnung.

»Komm rein und setz dich. Beruhige dich erstmal und dann erzählst du mir, was los ist.«

Marie brachte derweil ein Glas Wasser an den Couchtisch. Sie betrachtete Mika nachdenklich von der Seite. Ich setzte mich neben ihn und ließ ihn erst einmal zu Atem kommen. Als Mika sich beruhigt hatte, nahm er einen großen Schluck aus seinem Glas und nickte Marie dankbar zu.

»Liam, wir brauchen einen Plan«, sagte er unvermittelt.

»Okay, aber jetzt erzähl doch erstmal langsam«, ermunterte ich ihn. Er schien verwirrt zu sein.

»Also, ich war in der Stadt unterwegs. Ich wollte mir einige Kleider zulegen, eine Zahnbürste und ein paar Hygieneartikel. Da tippte mir jemand auf die Schulter und fragte, ob ich der Obdachlose vom Müggelsee wäre. Ich verneinte und rannte. Keine Ahnung, ob mir jemand gefolgt ist.«

Ihn schien dieser Vorfall sehr zu beschäftigen.

»Mika, ich denke wir sollten tatsächlich über unsere Zukunft sprechen«, gab ich ihm Recht.

Auch Marie stimmte uns zu. »Ich denke, ihr solltet gleich damit beginnen.«

Sie verließ das Wohnzimmer und ließ uns allein zurück. Wir sahen uns an. »Also, Mika, machen wir einen Plan.«

Unsere Unterhaltung dauerte einige Stunden. Wir sprachen über unsere Werte, unsere Visionen, unsere Motivationen und über unsere Sicht auf die Welt. Wir hatten die große Chance, dies bereits jetzt zu tun, bevor es zu spät war. Diese Themen und der Umgang damit hatten in der Vergangenheit viele Bands ins Chaos gestürzt. Insbesondere das Medienthema beschäftigte uns beide. Wir hielten uns in diesem Bereich bisher bedeckt, wir waren keine Menschen, die gerne im Mittelpunkt standen. Doch uns war bewusst, dass Social Media die Kommunikationskanäle der Zukunft waren und um Menschen zu erreichen, mussten wir einen gesunden Mittelweg finden.

Wir wurden uns erneut einig darüber, dass es immer noch an der Zeit war, sichtbar zu werden und uns zu zeigen, wie wir wirklich waren. Unsere Wandlung, die wir während unserer Zeit im Wald erlebt hatten, hatte dafür eine gute Basis geschaffen. Sowohl Mika als auch ich waren bereit für den nächsten Schritt. Wir hatten beide eine intensive Zeit des Wachsens, des Lernens und des Reflektierens hinter uns. Mika half mir und ich half ihm. Wir dachten anders, wir handelten anders und wir fühlten anders als früher. Doch diese Reise war noch lange nicht vorbei, da waren wir uns sicher. Obgleich wir schon vieles gelernt hatten. Ich schaffte es nun sogar, unvoreingenommen in Situationen und Gespräche mit anderen Menschen zu gehen und diese wertfrei wieder zu verlassen. Ich konnte mich davon lösen, Recht haben zu wollen und stattdessen ganz bei mir selbst bleiben. Das war für mich ein wahrer Segen und ein Wunder.

Nach unserem langen, intensiven Gespräch waren Mika und ich müde, aber glücklich. Wir hatten uns eine gemeinsame Vision erschaffen. Diese Vision war nun unsere neue Realität. Mika ging in sein Zimmer, während es mich noch auf den Balkon zog. Ich atmete die frische Luft dieser klaren Nacht ein und setzte mich. Ich schloss die Augen und ließ meine Gedanken in die Vergangenheit schweifen. Ich blickte mit einem neutralen Blick darauf und fühlte mich in verschiedene Situationen ein. Und dann geschah mein persönliches Wunder: Ich erkannte, dass alles, was ich erlebt hatte, mir diente. Es diente mir, um zu wachsen, um zu neuen Erkenntnissen zu gelangen oder um bestimmte Erfahrungen zu machen. Ich verstand plötzlich, dass manche Verletzungen, dich ich durch andere erlitten hatte, nichts mit mir zu tun hatten, sondern dass es diesen Menschen einfach nicht möglich gewesen war, anders zu reagieren. Sie waren Gefangene in ihrem eigenen Bild des Lebens, gefangen in ihren Mustern, Glaubenssätzen und Verletzungen. Diese Erkenntnis erlaubte es mir sogar, zu verzeihen. Ich musste die Dinge nicht gutheißen, die mir widerfahren waren. Aber ich konnte sie als Lernerfahrungen annehmen und sie akzeptieren, wie sie waren. Zum Verzeihen brauchte es nur mich selbst, die anderen Beteiligten mussten nicht einmal anwesend sein, sie mussten nicht einmal mehr eine Rolle in meinem Leben spielen. Ich tanzte vor Freude. Tränen der Erlösung flossen über meine Wangen. Ich fühlte mich so frei, wie nie zuvor.

Dieser Moment, in dem ich begriff, dass ich ab sofort endlich frei war, war der bisher schönste Moment meines Lebens.

Die Magie passierte in mir.

21

Heute war der Tag für den Startschuss unseres neuen Abenteuers gekommen. Nachdem bei unserem Debüt in den sozialen Medien ein Fremder Regie geführt hatte, wollten wir dies ab sofort selbst übernehmen. Marie stand uns zur Seite. Sie liebte die Fotografie und war somit die beste Assistentin für uns, wenn es um Aufnahmen jeglicher Art ging. Sie hatte das perfekte Auge für Details und für die Menschen.

Wir suchten uns einen schönen Platz im nahegelegenen Schlosspark und positionierten uns für unser Statement. Doch irgendetwas schien nicht stimmig zu sein. Wir fühlten es beide.

»Wir müssen zum Müggelsee, Mika«, platzte es aus mir heraus.

»Ja, Liam. Ja, das ist es. Das ist nicht unser Platz.«

Marie grinste. »Also, auf zum Müggelsee.«

Ich drückte ihr im Vorbeigehen einen Kuss auf die Lippen. Ich war unendlich dankbar für ihre Unterstützung.

Die Autofahrt dauerte eine knappe Stunde. Es war kaum zu glauben, dass eine Strecke von 30 km so viel Zeit in Anspruch nehmen konnte. Wir befanden uns schließlich immer noch in Berlin. Endlich am Müggelsee angekommen, führte uns unser Weg direkt zu unserem Platz an der Promenade. Es war Vormittag und dementsprechend wenig los. Es war ein schönes Gefühl, wieder hier zu sein. Marie filmte unser Statement und unseren Auftritt, bei dem wir unseren Lieblingssong performten, mit der Kamera.

Wir sahen uns direkt das fertige Video an. Es war offen, ehrlich und authentisch. Das waren »Wir«.

Wir erzählten in diesem Video unsere Geschichte. Wir offenbarten die schonungslose Wahrheit über unsere letzten Wochen und spielten unseren Song für die Menschen da draußen. Es tat gut, die Wahrheit zu sagen.

Im Anschluss zeigten wir Marie mein erstes Lager und auch unser gemeinsames Lager. Auf dem Weg dorthin war uns beiden mulmig zumute. Marie bemerkte es sofort.

»Wir müssen nicht dorthin. Ich verstehe, dass dies schwer für euch sein muss«, beruhigte sie uns.

Kaum auszudenken, wie schwer es auch für sie sein musste, einen Blick in das Leben ihres Mannes auf der Straße zu werfen. Für Marie war ich verschollen gewesen. Sie hatte keine Ahnung gehabt, wo ich war und ob es mir gut ging, hatte keinerlei Hinweise auf meinen Aufenthaltsort gefunden. Sie hatte mir erzählt, dass sie nach einigen Monaten versucht hatte, mich auf meinem Handy zu erreichen. Doch sie hatte jedes Mal nur die Mailbox am Apparat. Sie dachte wohl lange Zeit, dass ich ebenfalls noch keinen Kontakt mit ihr haben wollte. Irgendwann wurde ihr jedoch mulmig zumute, sie begann mich zu suchen und war kurz davor die Polizei einzuschalten. Doch dann kam der erlösende Anruf des Krankenhauses. Wenn ich jetzt darüber nachdachte, machte mich das unendlich traurig. Ich hatte mir stets eingeredet, für Marie sei mein Untertauchen die Lösung, sie wolle eine Auszeit. Es schmerzte, zu wissen, dass sie mich ebenfalls vermisst hatte.

Marie strich mir sanft über den Rücken: »Es ist okay, Liam.«

»Es tut mir so leid, Marie.«

Wir wussten beide sofort, um was es ging.

Wir setzten unseren Weg durch den Spreetunnel fort. Auf der anderen Seite erlebte Marie den gleichen Aha-Moment, wie ich ihn vor vielen Wochen erlebt hatte. Marie hatte diesen Tunnel noch nie durchquert. Sie sah sich fasziniert um. An diesem wunderschönen Septembertag herrschte eine magische Atmosphäre im Wald. Die Bäume präsentierten ihre gelben und orangefarbenen Blätter im sanften Licht der Sonne, deren Strahlen sich ihren Weg durch die Baumkronen suchten. Der Weg war gesäumt von bunten Blättern, die unter unseren Schuhen knisterten. Die Vögel zwitscherten aus der Entfernung, ansonsten war es still. Je weiter wir in den Wald hineinliefen, umso mehr nahmen wir die wohltuende Stille wahr. Ich wurde zunehmend ruhiger. Ich spürte, dass es meinen beiden Begleitern genauso ging.

Nach einem kurzen Spaziergang erreichten wir unser Lager. Es war nicht mehr viel davon übrig. Der Blitzschlag und das daraus entstandene Feuer hatten einen Großteil des Waldes an dieser Stelle zerstört.

Es war schwer für uns, diesen Anblick auszuhalten. Wir waren seit dem Unglück nicht mehr an diesem Ort gewesen.

Marie durchbrach das Schweigen mit der Frage, wo wir die meiste Zeit verbracht hatten. Wir führten sie zu unserem Lieblingsplatz am See. Sie war ebenso begeistert von dem schönen Flecken Erde, wie wir. Gemeinsam setzten wir uns in den Sand und ließen uns von der Sonne wärmen. Jeder hing seinen Gedanken nach.

Mika beschloss als Erster, dass es Zeit war, zu gehen. Es war Zeit, diesen Lebensabschnitt hinter uns zu lassen und nach vorne zu blicken.

Zuhause feilten wir noch ein wenig an unserem Video und erstellten uns ein eigenes Band-Profil mit unserem Bandnamen „*Luminous Flame*" bei YouTube. Dieser Name passte perfekt zu uns. Wir wollten die leuchtenden Flammen sein, die das Licht für die Menschen in die Welt brachten. Die, die Menschen zum Leuchten brachten. Genau, diese Botschaft verfolgte jedes unserer Lieder. Wir sangen vorwiegend in Englisch von unserem Weg, dem Weg, der uns zu uns selbst führte und erkennen ließ, wer wir wirklich waren. Doch auch die Liebe, die Trauer, die Angst und das Leben wurden thematisiert. Gespannt luden wir das Video hoch. Wir entschieden uns, es für den Moment dabei zu belassen und schalteten den Computer aus.

Es war bereits Abend geworden und der Duft nach frisch gekochtem Essen lockte uns in die Küche. Marie bereitete ein neues Gericht - Linguine mit Rucola, Champions und Parmesan - für uns zu. Der Tisch war zur Feier des Tages schon gedeckt. Wir setzen uns und freuten uns über Maries Geste. Der Abend verlief locker und entspannt. Mika verabschiedete sich früh. Ich hatte das Gefühl, er wollte uns etwas Zweisamkeit gönnen. Er wusste, dass wir diese Zeit beide dringend brauchten.

Es war schön, mit Marie allein zu sein. Wir hatten schon vieles besprochen, doch heute wollte ich noch mehr Details über ihre vergangenen Monate erfahren. Marie freute sich über mein Interesse und offenbarte sich mir. Marie hatte sehr gelitten. Auch sie hatte einiges aufgearbeitet, doch mich beschlich das Gefühl, dass sie mir noch nicht alles erzählt hatte. Ich war mir jedoch sicher, dass sie es tat, sobald sie dazu bereit war. Wir erlaubten uns nun auch, gemeinsam um unser Sternenkind zu trauern. Wir spürten die Gefühle und ließen sie zu. Wir gaben ihnen und uns den benötigten Raum. Das war sehr befreiend. Wir waren beide gewachsen, jeder für sich und miteinander.

Die Fehlgeburt war der Auslöser für all diese Veränderungen gewesen. Dieser Kontrollverlust hatte Wunden aufgerissen, vergangene Traumata zu Tage gebracht und gleichzeitig den Weg für die Heilung geebnet. Unsere Welt war gewaltig ins Wanken gekommen. Mir waren alle Säulen meines Lebens weggebrochen: meine Partnerschaft, mein Beruf, meine materielle Sicherheit und letztlich auch der Sinn meines Lebens. Mein Kartenhaus war vollständig zusammengebrochen - und hatte mir damit die beste Chance meines Lebens geboten. Die Chance, mich selbst kennenzulernen, als der, der ich wirklich war und mir das Leben aufzubauen, das ich wirklich leben wollte. Das Leben, wozu ich geboren war. Ich konnte neu wählen, konnte neu entscheiden. Ich konnte nun meine wahre Geschichte schreiben.

Ich offenbarte Marie meine Vision von unserer gemeinsamen Zukunft. Ich beschrieb ihr die Bilder, die vor meinem inneren Auge erschienen waren, wenn ich an uns gedacht hatte. Ich sah uns mit unseren Kindern. Wir lachten, tanzten, weinten, umarmten uns, tobten, sangen – kurz gesagt, wir lebten. Wir lebten alle Facetten dieses wunderbaren Lebens. Wir waren eine Einheit. Marie weinte vor Glück. Sie sah dieses Bild ebenso. So sollte es sein.

Der nächste Tag brach an. Marie war früh aufgestanden, denn ihre Schüler warteten auf sie. Ich betrat verschlafen die Küche und war gerade dabei, mir meine Augen zu reiben, als Mika auf mich zustürmte.

»Liam, sieh nur, die Menschen lieben unser Video!«

Mit diesen Worten hielt er mir sein Smartphone unter die Nase. Tatsächlich war unser Video bereits tausendfach geklickt, geteilt und kommentiert worden. Es war unglaublich. Wir sahen uns an und umarmten uns stürmisch. Nun gab es kein Halten mehr. Unser Leben würde ein anderes sein, es würde nie wieder sein, wie zuvor.

Die nächsten Tage erlebten wir erneut wie im Traum. Eine aufregende Nachricht nach der anderen erreichte uns. Die Menschen unterstützten uns, wo sie nur konnten. Sie fühlten mit uns. Sie liebten unsere Ehrlichkeit und unseren Mut, unsere wahre Geschichte zu erzählen. Wir erhielten Anrufe von mehreren Labels, die uns unter Vertrag nehmen wollten. Doch wir entschieden uns dagegen. Wir entschieden uns für unsere künstlerische Freiheit und gründeten unser eigenes Label. Diese Entscheidung veränderte unser Leben grundlegend. Wir hatten nun alle Fäden selbst in der Hand. Der Papierkram war schnell erledigt, denn ich kannte mich aus. Nun ging es an den künstlerischen Teil. Es galt, unsere ersten Songs zu produzieren. Wir befanden uns mitten in den kreativen Überlegungen, als mein Handy vibrierte. Ich erkannte die Nummer sofort. Ich überlegte einen Moment, ob ich abnehmen sollte, entschied mich dann aber dafür.

»Max, hallo.«

»Liam, mein Freund, es tut mir so leid. Ich weiß, ich habe Mist gebaut. Ich habe dich in der schlimmsten Phase deines Lebens hängen lassen. Du hättest mich gebraucht.

Ich war so ein verdammter Egoist. Ich habe dich nicht gesehen. Ich habe dein Leid nicht gesehen.«

Ich schwieg, denn ich spürte, dass Max noch nicht fertig war.

»Liam, kannst du mir verzeihen? Bitte, lass uns alles bei einem Kaffee klären«, bat er.

»Ja, lass uns das gerne machen, Max.«

Max war erstaunt über meine schnelle Reaktion.

»Super, Liam. Heute Nachmittag in der Stadt?«

»Ich denke, es wäre besser, wenn wir uns bei mir oder bei dir treffen würden.«

»Ja klar, komm doch um 17.00 Uhr zu mir. Ich freu mich.«

»Okay, Max. Bis später.«

Ich beendete das Gespräch. Mika sah mich fragend an und ich klärte ihn auf. Ich wusste, dass es Zeit war, Max zu verzeihen. Er war mir immer ein guter Freund gewesen, hatte mir stundenlang zugehört, die richtigen Fragen gestellt, mich unterstützt und war bereits in meiner Jugend mein Fels in der Brandung gewesen. Wir hatten stets eine ausgeglichene Beziehung gehabt, basierend auf dem Prinzip von Geben und Nehmen. Es war keine einseitige Beziehung gewesen, in der einer vom anderen zehrte. Also machte ich mich auf den Weg zu ihm.

Ich klingelte pünktlich bei Max. Er freute sich mich zu sehen.

»Liam, wie schön, dass du da bist!«, empfing er mich strahlend.

Wir redeten einige Stunden. Er gestand mir, dass es ihm zum Zeitpunkt unserer geschäftlichen Trennung ebenfalls nicht gut gegangen war. Er hatte mit finanziellen Sorgen gekämpft und auch privat sein Glück noch nicht gefunden.

Doch er betonte, dass dies keine Ausrede sein sollte. Max hatte von unserem Erfolg gehört und unterbreitete mir jetzt das Angebot, unsere Songs kostenlos in seinem Partnerstudio zu produzieren. Ich sollte es als Freundschaftsdienst und kleine Geste der Wiedergutmachung betrachten. Dazu konnte ich einfach nicht nein sagen. Das war die beste Lösung für uns. Wenn wir über genügend finanzielle Mittel verfügten, konnten wir immer noch ein eigenes Studio einrichten. Glücklich machte ich mich auf den Heimweg.

Ich schloss leise die Tür auf. Doch Mika und Marie saßen noch am Küchentisch. Sie hatten offensichtlich auf mich gewartet.

»Und?«, fragten sie gleichzeitig.

Dies löste einen gemeinsamen Lachanfall aus. Als wir uns alle wieder beruhigt hatten, platze ich mit den guten Neuigkeiten heraus. Die beiden freuten sich sehr.

In den kommenden Tagen produzierten wir die ersten eigenen Songs und entschieden uns, unser erstes offizielles Live-Konzert nach unserer Zwangspause im Müggelpark zu geben. Und so standen wir eine Woche später, wie wir es auf unserem offiziellen Social Media-Account angekündigt hatten, um 20.00 Uhr an der Promenade des Müggelsees und sangen unsere Lieder. Es waren Fans, Reporter und Agenturen vor Ort. Jeder wollte mit uns sprechen. Marie konnte es nicht fassen. Sie hatte uns noch nie live erlebt. Ihre Blicke hüllten mich voller Liebe ein. Wir waren endlich angekommen und zugleich sollte unsere Reise erst beginnen.

Sie hatte als Vision begonnen und nun waren wir hier. Wir empfanden dies als großes Glück in unserem Leben.

Wir bewegten die Menschen. Es erreichten uns tausende Nachrichten, in denen Menschen uns erzählten, wie wir ihnen mit unserer Musik aus Krisen geholfen hatten. Berichte darüber, wie sie sich selbst verloren und durch unsere Texte wiedergefunden hatten. Und wie sie nun ihre Träume lebten. Wir inspirierten die Menschen dazu, ihren eigenen Weg zu gehen, ihre Leidenschaft zu leben und sich selbst besser kennenzulernen. Unsere Texte sprachen uns aus der Seele. Ich war so dankbar. Mein größter Traum wurde wahr: Ich konnte den Menschen helfen und ich tat es auf eine Art, die ich liebte. Das war ein wunderbares Geschenk und es war mir eine Ehre, dies mit Mika zusammen zu tun.

22

Einige Wochen nach unserem ersten offiziellen Auftritt, passierte erneut ein Wunder: Marie war schwanger.
Ihr war immer wieder übel. Wir dachten uns zu Beginn
nichts dabei, doch die Übelkeit steigerte sich von Tag zu
Tag und ihre Periode blieb schon länger aus. Gespannt
saßen wir im Badezimmer und warteten auf das Ergebnis
des Schwangerschaftstests. Marie war eindeutig schwanger
und dies wohl bereits in der 7. Woche. Wir freuten uns
sehr. Ich umarmte Marie lange. Der Zeitpunkt war perfekt,
es passte alles. So sollte es jetzt sein.

Doch Maries Angst vor einem erneuten Verlust des
Babys war groß. Zu Beginn der Schwangerschaft war es
schwer für sie, sich auf das Baby einzulassen und eine Verbindung aufzubauen. Doch sie spürte schnell, dass dieses
Baby bei uns bleiben würde. Sie hatte die Verbindung
zu sich selbst gestärkt und so auch die Verbindung mit
unserem Baby aufgebaut.

Drei Monate später war Maries Bauch schon deutlich zu
sehen. Sie war nun in der 19. Schwangerschaftswoche und
sah wunderschön aus. Weihnachten stand vor der Tür und
wir verbrachten die Festtage gemeinsam mit Mika.

Doch danach war es Zeit für Mika aufzubrechen. Er
lebte bereits einige Wochen bei uns, doch nun war der
Zeitpunkt gekommen, an dem er spürte, dass er bereit war
für den nächsten Schritt. Er wollte das neue Jahr in seiner

eigenen Wohnung beginnen und suchte sich ein kleines Appartement über den Dächern von Berlin. Es war hell, offen und hatte eine wunderschöne Dachterrasse. Mika verliebte sich sofort in dieses Loft. Ich war dankbar für die Zeit, die er bei uns verbracht hatte. Wir hatten unvergessliche Momente erlebt und zusammen viel Spaß gehabt. Doch ich war auch stolz auf ihn, dass er jetzt den nächsten Schritt wagte.

An diesem Tag war es so weit. Mika packte seine Koffer, um in sein neues Abenteuer zu starten. Ich half ihm. Er hatte sich bereits am Morgen von Marie verabschiedet, doch wir wussten alle, dass diese Trennung nur räumlich war. Denn Mika und ich sahen uns dank unserer Musik weiterhin jeden Tag. Trotzdem war es ein seltsames Gefühl. Schließlich hatten wir einige Monate gemeinsam auf engstem Raum verbracht, was uns eng zusammengeschweißt hatte.

In seiner neuen Wohnung stellten wir sein Gepäck ab und setzen uns auf die Terrasse. Die Möbel hatten wir bereits einige Tage zuvor besorgt und auch schon aufgebaut. Wir sinnierten über die vergangenen Monate, die unglaublichen Fügungen zu einem großen Ganzen und wir spürten erneut die Magie, den Fluss in jedem Schritt.

Und genau in diesem Moment, geschah die Magie erneut. Noch an diesem Nachmittag fassten wir den Entschluss, ein eigenes Label mit eigener Produktion für junge Künstler zu gründen. Wir wollten all jenen die Chance geben, denen bisher keine Möglichkeit dazu geboten wurde. All jenen, denen ihre Selbstzweifel im Weg standen oder denen Rückschläge am Selbstwertgefühl nagten, all denen, die den Glauben an sich selbst verloren hatten.

Wir wollten diese jungen Künstler auf ihrem Weg unterstützen und sie bei der großen Herausforderung begleiten, sich selbst und ihren eigenen Weg zu finden. Mika sprühte vor Begeisterung. Er konnte sich wie kein anderer in diese Künstler einfühlen. Denn er hatte genau dasselbe durchgemacht. Er war ein manches Mal kurz davor gewesen, aufzugeben und hatte es dennoch nicht getan. Nun stand er an diesem Punkt in seinem Leben, an dem viele Wunder bereits wahr geworden waren. Dies wollte er allen talentierten Künstlern ermöglichen.

Gleich am nächsten Tag begannen wir mit der Recherche. Es mussten nun passende Geschäftsräume her. Wir hatten sowieso geplant, ein eigenes Tonstudio einzurichten, um unsere Songs produzieren zu können. Ben, ein befreundeter Produzent, der viel für Max arbeitete, unterstütze uns bisher bei der Produktion. Er kannte sicher jemanden, der für uns arbeiten würde. Doch zuallererst durchstöberten wir den Immobilienmarkt. Es gab in Berlin immer viele Angebote an Geschäftsräumen, doch die Konkurrenz war auch groß. Wir fanden jedoch auf Anhieb die passenden Räumlichkeiten mitten in der Natur, genau am Müggelsee.

Wir brauchten einiges an Material wie beispielsweise Dämmstoffe, um die richtige Akustik zu schaffen, sowie das restliche Studio Equipment. Da uns die Zeit zum Umbau fehlte, beauftragten wir einen Profi damit. Das Geld hatten wir längst zur Verfügung, denn mit unserer Karriere ging es steil bergauf. Dennoch wollten wir es uns nicht nehmen lassen, junge Talente von der Straße zu holen. Denn die Straßenmusik war auch unser Start gewesen und wir würden ewig damit verbunden bleiben.

Wenige Wochen später war unser Tonstudio fertig. Wir fanden einen jungen, sehr talentierten Produzenten und unsere Agenturräume waren ebenfalls bezugsbereit. Hier hatten wir alles unter einem Dach vereint. Wir konnten uns um unsere jungen Talente kümmern, eigene Songs produzieren, deren Vermarktung organisieren - und wir waren mitten in der Natur. Wir gingen oft nach draußen, um neue Songs zu schreiben. Denn hier waren wir in unserem Element. Unsere Büroräume boten uns den perfekten Blick über den See, über unseren Müggelsee. Wir entdeckten in den nächsten Wochen, einige vielversprechende Talente und arbeiteten mit ihnen. Es machte Spaß, sie wachsen zu sehen.

Auch Maries Bauch wurde immer größer. Es war unbeschreiblich, zu sehen wie dieses kleine Wunder sich entwickelte. Ich sprach jeden Abend mit ihm, spielte ihm unsere Musik vor und streichelte Maries Bauch. Mittlerweile bekam ich manchmal sogar eine Antwort in Form von Tritten gegen Maries Bauchdecke. Es war wunderschön. Marie strahlte von innen und von außen. Wir waren glücklich. Doch ich hatte dennoch das Gefühl, dass noch etwas fehlte.

An diesem Morgen stand ich besonders früh auf. Ich tat dies jeden Morgen, um mich auf den anstehenden Tag vorzubereiten. Ich hatte mein festes Morgenritual, was meist etwa 60 Minuten in Anspruch nahm. Ich begann meist mit einer Meditation und einer Dankbarkeitsübung, danach erlebte ich in meinem Kopf den perfekten Tag, gefolgt von Fitnessübungen. Zum Abschluss las ich meist einige Seiten inspirierender Bücher, Artikel oder Zitate. Heute verspürte ich jedoch das Bedürfnis, nur zu meditieren. Also hörte ich auf meine Intuition und ließ mich darauf ein. Es war ein lauer Frühlingsmorgen, die Luft war klar, aber noch kühl. Doch das störte mich nicht. Ich holte mir eine warme Decke und setzte mich auf die Couch auf unserer Terrasse. Ich liebte den Zauber eines anbrechenden Tages, es lag eine mystische Stille über der Stadt. Ich atmete mehrmals tief ein und aus, dies ermöglichte mir eine tiefe Entspannung. Ich versank in dieser wunderbaren, stillen inneren Ruhe. Nach einiger Zeit erschienen die Bilder, die mir Klarheit verschafften. Nun wusste ich, was fehlte. Ich wusste, welcher Schritt als nächstes zu tun war. Ich fand nun die Antworten in mir, benötigte keine Unterstützung mehr. Es war, wie meine Mutter mir gesagt hatte. Es war schon immer alles in mir. Voller Dankbarkeit beendete ich meine Meditation und kam wieder zurück ins Hier und Jetzt.

Als ich meine Augen öffnete, stand Marie in der Terrassentür.

»Guten Morgen, mein Schatz!« Ich ging auf sie zu, um sie in meine Arme zu schließen. Ich küsste sie und streichelte über ihren Bauch.

»Guten Morgen, du kleines Wunder«, begrüßte ich mit einem sanften Kuss unser noch ungeborenes Baby.

Marie fröstelte leicht. Wir gingen nach drinnen, um zu frühstücken. Doch ich hielt es keine zwei Minuten aus, bevor ich Marie von meiner gerade erlebten Vision berichtete. Als ich fertig war, lächelte sie.

»Liam, ich bin unglaublich stolz auf dich. Du hast dich endlich gefunden. Jeder Schritt, den du gerade gehst, ist ein Schritt in eine heilere Welt.«

Marie traf mich mitten ins Herz.

Es gab vor der Geburt noch viel zu tun. Ich wollte alles Wichtige in die Wege geleitet haben, um die erste Zeit nur für unsere kleine Familie zur Verfügung zu haben. Diese Zeit war so kostbar, ich wollte keine Sekunde davon verpassen. Mika war darüber informiert und wollte für die ersten zwei Monate nach der Geburt alle Arbeiten übernehmen. Wir reduzierten unsere Projekte und planten keine Auftritte für diese Zeit.

Ein großes Projekt stand jedoch noch an: Wir planten ein großes Open-Air-Live Konzert an der Promenade am Müggelsee. Dieses Konzert war uns eine Herzensangelegenheit. Wir wollten hier unser erstes eigenes Album präsentieren, inklusive eines Überraschungssongs. Zwei unserer neuen Künstler würden das Opening übernehmen. Die beiden wussten, diese große Chance zu schätzen. Der krönende Abschluss sollte ein großes Feuerwerk sein. Das Konzert war für Anfang Mai geplant, rund vier Wochen vor dem Geburtstermin. Wir lagen mit der Planung zwar gut in der Zeit, aber es war nicht mehr so einfach zu organisieren, wie früher. Es gab nicht nur die Gitarre, das Mikrofon und zwei Klapphocker, die wir zusammenpacken mussten. Mittlerweile mussten wir uns um Genehmigungen, eine Konzertbühne, Bühnentechniker, Sicherheitspersonal, Grafikdesigner und die gastronomische Versorgung kümmern. Trotz des hohen Arbeitspensums hatten wir jede Menge Spaß. Doch die Zeit rann uns nur so aus den Händen. Nun waren es nur noch knapp zwei Wochen bis zum Konzert.

Heute war Maries letzter Schultag, an dem sie sich für lange Zeit von ihren Schülern verabschiedete. Sie wollte die ersten zwei Jahre vollkommen für unser Baby da sein. Ich war ihr sehr dankbar für diese Entscheidung. Denn ich wusste, es war die Richtige, für Marie, für unser Baby und für uns. Als Marie nachmittags die Tür zu unserer Wohnung aufschloss, sah ich sofort, wie schwer ihr der Abschied gefallen sein musste. Sie liebte ihren Beruf, ihre Schüler und ihre Kollegen. Doch andererseits wusste sie, wofür sie dies alles für eine begrenzte Zeit zurückgelassen hatte.

Die Schüler und Kollegen hatten ihr wunderschöne Geschenke überreicht. Marie brachte einen Korb voller niedlicher Babysachen mit nach Hause. Gemeinsam setzten wir uns ins Wohnzimmer, um alles in Ruhe auszupacken und zu bestaunen. Wie winzig all diese Sachen waren. Kaum vorstellbar, wie klein dieses kleine Wesen sein würde. Wir saßen lange beisammen, gingen nochmal die Liste durch und versicherten uns, dass wir alles Notwendige für das Baby besorgt hatten. Das Kinderzimmer war bereits fertig eingerichtet und ich liebte es. Ich hielt mich auch schon jetzt oft darin auf und malte mir unsere gemeinsame Zukunft aus. Die Wände waren in zarten Rosé-Tönen gehalten. Die Möbel und der Boden waren aus hellem Eichenholz, niedliche Bilder in modernen Rahmen zierten die Wände und weich fallende Vorhänge schmeichelten den hohen Altbaufenstern. Es harmonierte alles wunderbar miteinander. Die unendliche Liebe, die wir bereits für unser Baby empfanden, spiegelte sich in diesem Zimmer.

Es wurde ein Mädchen und Marie hatte es bereits vom ersten Tag an gewusst. Wir hatten uns noch immer nicht für einen Namen entschieden, wollten dies spontan tun, wenn wir sie das erste Mal sahen. Jeder hatte einen Favoriten ausgewählt, behielt diesen jedoch bis zur Geburt für sich.

Wir saßen eng zusammengekuschelt auf unserer Couch und konnten kaum glauben, dass wir in ungefähr sechs Wochen unser Baby in den Armen halten würden. Es war ein seltsames Gefühl, nicht greifbar und irgendwie unwirklich. Wie aus dem Nichts, murmelte Marie einen Namen.

»Layna.«

Ich sah sie an.

»Ist das dein Name?«

Sie nickte, »Es bedeutet das Licht.«

Dieser Name war wunderschön und die Bedeutung hätte nicht passender sein können für unser Mädchen.

»Ich weiß, wir wollten, dass es ein Geheimnis bleibt. Aber ich denke, wir sollten den Namen vor der Geburt zumindest schon mal gehört haben. Was meinst du?«, fügte Marie hinzu.

Sie hatte Recht. Eine böse Überraschung am Tag der Geburt, konnte keiner von uns gebrauchen.

»Lilli«, sagte ich leise.

Erschrocken starrte Marie mich an. Sie wurde blass, ihre Hände zitterten und ihre Augen füllten sich mit Tränen.

»Marie, mein Engel. Was ist denn nur los? Findest du den Namen so schlimm?«

Ich war überfordert von ihrer Reaktion und hatte keine Ahnung, was Marie so aus der Fassung gebracht hatte. Sie antwortete mir nicht. Ich hatte das Gefühl, all meine Worte erreichten sie gerade nicht. Es war, als wäre sie gar nicht anwesend.

Ich beschloss abzuwarten. Nach einiger Zeit entspannte sich ihr Körper etwas, doch sie saß immer noch wie erstarrt vor mir.

»Marie, ich bin für dich da«, flüsterte ich ihr zu und rückte ein Stück näher zu ihr. Doch ich spürte, dass sie gerade keine Nähe ertragen konnte. Das war für mich in Ordnung. Denn ich wusste, es hatte nichts mit mir zu tun. Sie war gerade in einen Überlebensmechanismus gerutscht. Ich kannte Marie gut. Irgendetwas musste sie tief verletzt oder getriggert haben.

»Lilli ist der Name unseres Sternenkinds.«

Nun war ich es, der unter Schock stand. In meinem Kopf herrschte ein großes Gedankenchaos. *Wie kann das bloß sein?*

Marie sah mich traurig an. Sie bemerkte, dass es nun ich war, der die Fassung verloren hatte.

»Liam, wie kommst du auf diesen Namen?«

Ich hatte Marie bisher noch nie von Lilli erzählt. Nun war der Moment gekommen, dies zu ändern.

»Während meiner Zeit auf der Straße oder im Wald, wie man es auch nennen möchte, lernte ich ein kleines Mädchen im Park kennen. Ihr Name war Lilli. Sie war ein bezauberndes kleines Wesen. Sie war wunderschön, klug und voller Liebe. Ich verbrachte viel Zeit mit ihr und ihre Weisheit über das Leben war magisch. Sie lehrte mich vieles und ließ mich die Welt mit anderen Augen, mit den Augen eines Kindes sehen.«

»Liam, wie alt war dieses Mädchen?«

»Ich denke, sie war ungefähr fünf Jahre alt.«

»War sie auch bei dir, wenn andere Menschen anwesend waren?«

Diese Frage irritierte mich. Ich hatte mich selbst oft gefragt, weshalb Lilli zu mir kam, wenn ich allein war. Ich hatte mich bereits gefragt, ob andere Menschen sie ebenfalls sehen konnten.

»Nein«, antwortete ich verlegen.

Marie lächelte und griff nach meiner Hand.

»Liam, Lilli war auch bei mir.«

An diesem Abend lag ich noch lange wach. Irgendwann sank ich in einen leichten Dämmerschlaf. Ich befand mich in einer Art meditativen Zustand. Ich stand auf einer grünen, weiten Wiese. Sie war mit wunderschönen Blumen in den unterschiedlichsten Farben übersät. Schmetterlinge tanzten, Vögel zwitscherten, der Himmel war strahlend blau und die Sonne wärmte mich mit ihren Strahlen. Ich hörte ein Kinderlachen aus der Ferne. Ich versuchte vergeblich, mit zusammengekniffenen Augen und von der Sonne geblendet zu erkennen, woher das Lachen kam. Es kam immer näher und in meinem Körper breitete sich ein wohliges, warmes Gefühl aus. Ich kannte dieses Lachen. Und da rannte sie schon auf mich zu. Ihre Haare flogen im Wind, ihr Kleid glitzerte in der Sonne und ihr Lachen verzauberte mich. Sie breitete ihre Arme weit aus und ich meine. Sie ließ sich in meine Arme fallen, ich hob sie hoch und wirbelte sie durch die Luft. So, wie wir es bereits oft getan hatten. Dieses Mal schlang sie jedoch ihre kleinen Arme um meinen Hals und flüsterte mir ins Ohr: »Danke, Papa.«

»Ich danke dir, mein Engel. Du hast mir zurück ins Leben geholfen. Ich liebe dich.«

Ich ließ sie wieder runter, denn ich wusste, es war Zeit für sie, zu gehen. Ich sah ihr nach und sie war umgeben von Licht. Ein letztes Mal drehte sie sich zu mir um, um mir zu winken, und rief: »Ich liebe dich auch.«

Dann verschwand sie aus meinem Blickfeld.

Ich erwachte aus meinem Dämmerschlaf, lag im Bett und konnte nicht fassen, was da gerade passiert war. Es war ein Wunder und es war tatsächlich passiert. Ich war so dankbar.

Die kleine Lilli war unser Baby. Sie war unser Engel.

Der Tag des Konzerts war gekommen und es war alles vorbereitet. Wir mussten nur pünktlich zur Probe vor Ort sein. Am Müggelsee angekommen, waren wir vom Anblick der großen Bühne vor dieser wunderschönen Kulisse mit dem See im Hintergrund überwältigt. Ich konnte es immer noch nicht glauben, was hier gerade passierte. Wir sprangen auf die Bühne. Unsere Newcomer waren bereits vor Ort und wir erklärten ihnen alles. Die Nervosität stand ihnen ins Gesicht geschrieben. Dieses Gefühl kannten wir selbst nur zu gut.

Das gesamte Areal war für heute abgesperrt, das Sicherheitspersonal stand bereit. Marie positionierte sich am Bühnenrand, wo sie nicht zu sehen war. Die Generalprobe konnte beginnen. Es lief alles wie geplant.

Nun waren es nur noch wenige Minuten bis zum Opening und unsere Nervosität stieg. Wir standen bereits hinter der Bühne bereit. Ein Pavillon diente uns als Garderobe. Max war ebenfalls gekommen, um uns zu unterstützen. Einen Blick vor die Bühne hatten wir bisher nicht gewagt. Doch nun sah ich Marie, die einen Spalt zwischen dem abgehängten Seitenteil der Bühne nutzte, um hinauszusehen.

Sie blieb reglos stehen. Langsam drehte sie sich wieder zu mir um.

»Liam, das ist unglaublich. Ich habe noch nie so viele Menschen gesehen. Sie sind alle wegen euch gekommen«, sagte sie ergriffen.

Ich ging zu ihr, um mir ebenfalls ein Bild zu machen. Ich konnte es nicht fassen.

»Wow!«

Ich winkte Mika und die beiden Newcomer zu mir. Sie sollten lieber bereits jetzt sehen, was sie dort oben erwarten würde. Es konnte sonst leicht passieren, dass sie vor Überwältigung den Songtext vergaßen.

Wir schlossen uns noch einmal zu einem Kreis zusammen. Das stärkte unseren Zusammenhalt. Wir waren bereit und da begann auch schon das spektakuläre Intro mit Sound und Lichteffekten. Es sollte die Zuschauer in die richtige Stimmung versetzen. Unsere beiden jungen Talente lieferten eine super Show ab und stimmten das Publikum auf uns ein.

Und dann starteten wir. Wir freuten uns riesig, es war ein einzigartiges Erlebnis. Die Menge tobte. Das Highlight war unser neuster Song. Er katapultierte die Stimmung ins Universum. Der Song handelte von der Magie, Wunder wahr werden zu lassen. Wir nannten ihn »*Let the magic happen*«.

Der Bühnentechniker zauberte einen wunderschönen, glitzernden Sternenhimmel auf die Bühne. In der Mitte des Songs gingen hinter uns planmäßig die ersten Feuerwerkskörper in die Luft. Es war kein gewöhnliches Feuerwerk, es war ein Sternenregen. Und mit den letzten Takten regnete es Sterne vom Himmel. Es war wunderschön, es gab kaum

Worte, um diesen Moment zu beschreiben. Ich wusste, wir würden ihn alle für immer in unseren Herzen tragen.

Wir verabschiedeten uns von unserem jubelnden Publikum und mit meinem letzten Satz fiel mein letztes fehlendes Puzzleteil an seinen Platz und machte das Ganze zu einem fertigen Puzzle:

»Vielen Dank an alle von euch. Danke, an jeden einzelnen, der heute mit dabei war, diesen magischen Moment zu erschaffen. Jeder, der ein Ticket für dieses Konzert gekauft hat, darf sich nun stolzer Förderer einer der größten Stiftungen für Obdachlose in Deutschland nennen. Ein Hoch auf euch alle - und nehmt diesen Sternenregen mit in euren Alltag. Let the magic happen.«

Ein erneuter Sternenregen begleitete uns von der Bühne. Die Magie begann in jedem einzelnen von uns. Jeder konnte damit bei sich selbst beginnen und diese Magie dann in die Welt senden. Heute hatten wir den Startschuss für tausende Menschen geschaffen.

Epilog

Heute war es wieder ein kühler und rauer Herbsttag im Oktober. Doch heute war nicht der Todestag meiner Mutter, sondern es war ihr Geburtstag. Ich machte mich bereits früh am Morgen auf den Weg und betrat durch das schmiedeeiserne Tor, welches mir so vertraut war, den Friedhof. Ich band die bunten Luftballons, die ich ihr und Lilli mitgebracht hatte, an ihrem Grab fest. Es waren große und kleine dabei. Sie wiegten sich im Wind und erhellten den gesamten Friedhof, genau wie es meine Mutter und Lilli taten.

Ich lächelte stolz und dann las ich:

»Liebes Universum,
heute möchte ich mich bei dir bedanken. Danke für alles, was du mir bereits geschenkt hast. Sei es das Wissen, die Erkenntnisse, Erlebnisse oder Erfahrungen. Dein größtes Geschenk liegt gerade in meinen Armen. Sie ist das bezauberndste kleine Wesen, das ich je gesehen habe. Ihr Name ist Layna. Ich verbringe den gesamten Tag damit, dieses kleine Wunder zu bestaunen. Ich bin fasziniert von den Wundern dieser Erde, der Natur und der Magie der Liebe. Dieses Leben ist alles, was ich mir je zu träumen gewagt hätte. Mika und ich bewegen die Menschen und helfen ihnen, in ihr Licht zu kommen. Danke, danke, danke, dass du die Magie geschehen lässt. Danke für jeden weiteren Schritt, von dem wir weiter lernen dürfen.

Dein Liam«

Auf dem Rückweg drehte ich mich noch einmal um. Der Anblick der Ballons an ihrem Grab zauberte mir ein Lächeln ins Gesicht. Doch nun musste ich mich beeilen, denn wir fuhren heute noch in unser Strandhaus. Ich hatte es vor wenigen Wochen von Fran gekauft.

Ich freute mich auf meinen weiteren Lebensweg. Ein wohliger Schauer lief über meinen Körper und ließ mich die Nähe zu meiner Mutter und zu Lilli spüren.

Lilli war der beste Schutzengel, den wir uns für unsere kleine Layna nur wünschen konnten. Ich flüsterte leise in die Stille: »Das Wunder bist du.«

Ihr Lachen würde mich immer begleiten.

Die Magie ist in dir.
Erkenne das Wunder, das du bist!